DE QUELQUES DIFFICULTÉS
DE LA THÉORIE
DES GUTTURALES INDO-EUROPÉENNES

PAR

A. MEILLET

(Extrait des Mémoires de la Société de linguistique de Paris, t. VIII.)

Toute la théorie des gutturales repose sur les correspondances phonétiques connues :

		skr.	iran.	slav.	lit.	arm.
Groupe oriental.	α	c	s	$\check{s}$	sz	s
	β	k (resp. $\check{c}$)	k (resp. c)	k (resp. $\check{c}$)	k	kh (et h)

		gr.	germ.	celt.	ital.
Groupe occidental.	α'	X	$h(\gamma)$	k	k
	β'	π (resp. $\check{\tau}$)	hw (w)	irl. c / gall. p	lat. qu / ombr. p

Les irrégularités à l'intérieur des quatre groupes s'expliquant pár des lois particulières qui sont, pour la plupart, déterminées, on peut considérer chacun des systèmes α, β, α', β' comme une unité et l'opposer aux autres. Ascoli et Fick ont reconnu que les mots qui ont en Occident le traitement β' ont en Orient le traitement β, et que ceux qui ont en Orient α ont en Occident α'. Le phonème supposé par $\alpha\alpha'$ est k_1, celui supposé par $\beta\beta'$ est k_2. Reste une troisième correspondance fréquente, $\beta\alpha'$. Deux hypothèses en peuvent rendre compte : 1° L'indo-européen n'aurait possédé que deux gutturales k_1 et k_2; des lois particulières auraient amené le traitement β au lieu de α en Orient, ou le traitement α' au lieu de β' en Occident; 2° on poserait, dans les cas où α' et β se correspondent, une troisième sorte indo-européenne de k, soit k_3.

Quand Brugmann publia le premier volume du *Grundriss*, la question soulevée par la correspondance $\alpha'\beta$ n'était ni résolue ni même très clairement posée. J. Schmidt, dans le bel article où il a établi d'une manière définitive quelques-unes des lois les plus importantes de la théorie des gutturales (K. Z. 25, 1 et suiv.), avait, il est vrai, supposé un double traitement oriental

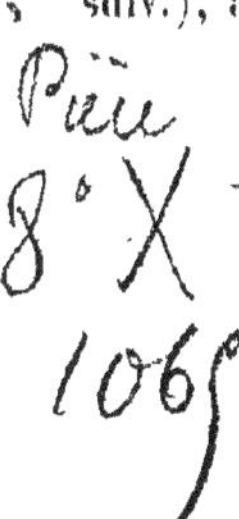

de k_1, parallèle au double traitement de k_2, et qui aurait en partie expliqué cette correspondance; mais l'hypothèse, mal appuyée par les faits, ne pouvait être admise[1]. Brugmann, en posant deux séries de gutturales indo-européennes, considéra comme vélaires (k_2) toutes celles qui ont en Orient le traitement β, mais distingua bien les deux traitements occidentaux correspondants α' et β' et les traita séparément dans les quatre langues. C'était faire implicitement la seconde hypothèse : aussi vit-on affirmer l'existence d'une troisième série de gutturales presque à la fois par Bugge (*Etruskisch und Armenisch*, p. 108), Osthoff (*Morph. Unt.*, V, p. 64) et Bezzenberger (dans ses *Beiträge*, 16, p. 234 et suiv.).

L'hypothèse a depuis été acceptée par beaucoup de linguistes éminents[2]; elle donne en effet de la difficulté une solution très simple. D'ailleurs, tandis que le traitement oriental indique pour le k_1 un point de prononciation très voisin des dents, le traitement occidental suppose que k_2 était une vélaire : il y a place entre les deux pour un troisième k. Enfin, la correspondance $\alpha'\beta$, sur laquelle repose l'hypothèse, est de même ordre que celles qui établissent l'existence de k_1 et k_2. Mais il y a une différence : en supposant les deux séries k_1 et k_2, on ne faisait que reporter à une date plus ancienne une dualité historiquement attestée dans toutes les langues de la famille; en en ajoutant une troisième, on suppose une richesse qui ne se retrouve dans aucune. De plus k_1' et k_2 ont chacun leur critère infaillible, α pour le premier, β' pour le second : l'existence de k_3 n'est supposée que pour expliquer la correspondance $\alpha'\beta$. Si l'on réussit à rendre compte de $\alpha'\beta$ par des lois de détail, l'unique raison qui fait poser k_3 s'évanouit. Or on a constaté depuis longtemps que les cas de correspondance $\alpha'\beta$ sont particulièrement fréquents dans le voisinage de certains phonèmes : après u (de Saussure, dans ces *Mémoires*, 6, 161) et devant r (Weise, dans *Bezz. Beit.*, 6, 115). S'il était possible de trouver quelques faits analogues, de grouper ceux déjà découverts et d'expliquer ainsi tous les cas ou du moins la majorité d'entre eux, l'hypothèse de Bezzenberger serait rendue inutile. C'est ce qui va être essayé ici.

I

Il y a lieu d'écarter tout d'abord les cas où un ancien traitement β' a été changé en α' dans l'une des langues occidentales isolément.

[1] Elle a été critiquée en détail par Bechtel, *Die Hauptprobleme*, p. 375 et suiv.
[2] [D'autres, par exemple Bartholomæ, se sont déjà prononcés contre elle. *Idg. forsch.*, 2, p. 264 et suiv.) — Note de correction.]

1° En grec -k_1y- et -k_2y- se confondent dans le dorien-ionien -σσ-, attique -ττ-. (Brugmann, *Gr. Gr.*[2], § 38.) Quand deux syllabes de suite commencent par une vélaire, l'élément labial semble disparaître dans les deux gutturales : γάργαρα, « foule », cf. v. h.-a. *quarter*, — γέργερος· βρόγχος, cf. skr. *gárgaras*. arm. *orkor, kokord* — κέγχει· πεινᾷ, cf. lit. *kankà* — peut-être καρκαίρω, cf. lat. *querquerus*. Le mot βέβαιος ferait alors difficulté; il semble en effet devoir être rapproché de l'arm. *kal* « se tenir, rester », et il faudrait supposer l'existence d'une forme non redoublée au moment de l'action de la loi.

2° En germanique, les vélaires perdent leur élément *w* devant *t* et à la fin des mots. (Brugmann, *Grundriss*, I, § 444 e.) Elles le perdent aussi devant o : v. h.-a. *quëran : chara* — v. isl. *huáll : hóll*, cf. lat. *collis*; le gr. κολωνός fait difficulté — got. *haidus* = skr. *ketús* — got. *haims* = lit. *këmas* — got. *hawi*, cf. hom. ποίη — got. *hails* = v. sl. *cëlŭ* — v. isl. *kýr*, lat. *bōs* (*Bezz. beit.*, V, 175. — *P. u. Br. beit.* VIII, 256 — Noreen, *Urgermansk judlära*, p. 94 et suiv.) Il est donc possible que got. *gildan* (cf. lit. *geliùti*, gr. τέλθος, ὀφλεῖν) doive son *g* simple au parfait *gald guldun* et v. h.-a. *chilburra* (cf. δέλφαξ) son *ch* à *chalb* = skr. *gárbhas* La situation de got. *kalds*, ags. *cól*, cf. v. sl. *golotĭ* et *žlëdica* est plus compliquée à cause du lat. *gelu*. Mais ce mot fait difficulté par ailleurs; son *e* n'est pas phonétique : en latin *e* devant *l* suivie de *u, o, a*, devient *o* en syllabe initiale, *u* dans les autres : *uolo : uelim* — *soluō* de *se-luo* — *famulus : familia* etc.; la loi est récente et s'applique aux emprunts grecs : *oliuom* de ἔλαιϜον. L'*e* de *gelu* est donc analogique, par exemple, de *gelidus*. Le *g* de *gelu* et *gelidus* s'explique par l'influence de *glaciēs*. — Le mot got. *augo*, gén. *augins* repose sur une contamination de nom. *ayō* (de *ok₂ō*) : gén. *awins* (de *ok₂éns*).

3° En latin les vélaires perdent leur *w* devant les consonnes (Bersu, *Die Gutturalen*, p. 123) et devant o. Exemples : *cottidiē* (de *quōtidiē*) — *incola : inquilīnus*; le verbe *colo*, cf. got. *haldan* (?) appartient au même type que *uomo, molo* (got. *malan*), got. *faran. wakan, graban*, gr. πορεῖν, μολεῖν, τορεῖν, βόλεται — *stercus, stercoris : sterquilīnium* — *secus : sequester* — *costa* : cf. v. sl. *kostĭ* — *coxa* : cf. skr. *kákṣas* — *coquos* : cf. osque *popīna*. Le verbe *coquere* doit son *o* à *coquos, que-* subsistant en latin : *queror, queo, quercus* (v. h.-a. *ferch-eih*) — *corpus* : cf. zend *kerefš*. — Cette chute de *w* serait postérieure au passage de *gʷ* à *w* d'après *uoro*, cf. gr. βορά. On ne peut guère supposer *g₂ʰr*- parce que °*r*, °*l* (c'est-à-dire r̥ l̥ devant voyelle) deviennent en latin *ar, al* : *uarus* = lit. *viras* — *calo*, gr. καλέω = *caleō*, lit. *sziltas* — *palea*, gr. πάλη; *pollen* représente *polwen-* — *salus*, cf. *sollo-* = ὀλϜο- — *malus*, cf. lit. *mĭlyti*, arm. *mełkh* « faute » et *molor* « égaré, errant » — *pariēs*, cf. πείρατα — *ariēs*, cf. ἔριφος — *haruspex*, cf. lit. *žárna* — *parentēs*, cf. πορόντες — *hara*, cf. *cohors* — *palam*, cf. v. sl. *polŭ* — *palūs*, cf. skr. *palvalam*, lit. *pélkė* (pour le sens, cf. Möhl, dans ces *Mémoires*, VII, p. 276); *palumbēs*, cf. πέλεια; *pallidus, palleō* reposent sur un thème **palle-* de **plwe-*; cf. lit. *pilkas*, russ. *polóvyj*. Les verbes *saliō, pariō, sariō* doivent peut-être leur *-ar-, -al-* à des formes telles que les secondes personnes *salis, paris, saris*, tandis que *mortuos* a établi ou maintenu *-or-* dans *morior*. Dans *forāre*, malgré v. h.-a. *boron*, on doit voir comme dans *uorāre*, un thème verbal en *-ā-* avec vocalisme *o* de la racine; cf. v. h.-a. *manōm*, lit. *i-manaū*, arm. *i-manam* «je comprends»[1]. D'autre part la chute de *w* devant *o* paraît s'être produite aussi dans les autres dialectes italiques; la préposition *kom*, cf. v. sl. *kŭ*, skr. *kám* est panitalique; osq. *popina* a subi l'influence d'un verbe **kʷekʷe-* (d'où le lat. *coquere*). Le *w* a pu être rétabli dans **gʷorā-* sous l'influence d'une forme **gʷer-* encore existante. Cela permettrait d'expliquer *figere* à côté de *fiuere* par une flexion *figo : fiuis*; cf. *insece* au lieu de **inseque* d'après *insecō*. — Le *ghʷ* aurait perdu son *w* devant *o*, à en juger par *hostis*, v. sl. *gostĭ* — *hospes*, cf. v. sl. *gospodĭ*, qui n'a rien à faire avec le skr. *jáspatiṣ* (pour le sens cf. zend *zãntupaitiš*, J. Darmesteter, *Traduction du Zend-avesta*, I, p. 29; c'est le chef immédiatement supérieur au *viçpátiṣ*: cf. v. h.-a. *chuning* [cf. got. *Þiudans*] et le rapport de skr. *dámpatiṣ* : lat. *dominus*). Mais ce rapprochement est très douteux. — Alors *fūnis* (de **foinis*) devrait son *f* à *fīlum*, si on le rapproche de lit. *gýsla* etc. (Fick, *Et. Wört.*[4] p. 414); *formus* = skr. *gharmás* aurait subi l'influence de *furnus* = skr. *ghṛṇás* = v. sl. *grŭnŭ* (pour le traitement différent de *or* et *ṛ* quand la syllabe suivante contient *u* issu de *o*, cf. *porcus*, et *ursus, turdus, cŭr-tus*). — L'arm. *govel* «louer»[2] montré que *o* de v. sl. *govéti*, *a* de lat. *faueō* reposent sur i. e. *o*; on devrait donc admettre que le passage italique de *o* à *a* devant *w* est antérieur à l'action de *o* sur *ghʷ*. Le *w* issu de *ghʷ* ne provoque pas le passage de *o* à *a* : *foueō*, cf. skr. *dāhayati*. — L'exemple *horreo* est ambigu, cf. skr. *hárṣate* (d'où *hṛṣyati*) : *ghṛṣuṣ*, et arm. *garšil* «avoir horreur de» (*-rš-* de *-rs-*, cf. *kharšel* «tirer, traîner», skr. *kárṣati, kṛṣáti*)[3]; d'après *h*, le *or* de *horreō* serait ancien et

---

[1] Quant à *-ul-* de *-ᵒl-* qu'on a aussi supposé, le meilleur exemple *tuli* n'est pas probant; la forme ancienne est **tetulī*, et *tuli* est emprunté à *rettulī, sustulī, attulī*. Le mot *gula* (cf. v. h.-a. *chela*) fait difficulté : son *u* ne se comprendrait qu'en syllabe intérieure, par exemple dans *dēgulō*.

[2] L'*o* persiste devant *v*; cf. *yolov* «beaucoup de» de **polowi-*, cf. πολύς, ags. *feala*. Le premier *o* est conservé sous l'influence du second; cf. *kotor, molor, bolor*.

[3] Arm. *kharšel* ne peut avoir été emprunté à l'iranien (persan *kešīdén*) à cause du *kh-* initial; le *k* iranien est rendu par arm. *k* dans les mots empruntés *kapoyt, kamkh, kaxard, kamar, kerp, koyr*, etc.; on a *kh* dans *khēš*,

non issu de *r*. Mais la question des alternances de *f* et *h* dans les dialectes latins est trop obscure pour qu'on puisse accorder à ces déductions une absolue créance. Le seul cas clair est celui de *kʷo* pour lequel la réduction est assurée.

4° En celtique *kʷ* devant *t* devient *k* (Brugmann, *Grundriss*, I, § 436). Il est difficile d'expliquer le *k* de la préposition pan-celtique *kom* dans gall. *co- sp* = v. irl. *có-sc*, cf. v. sl. *kŭ* et le *g* de v. irl. *guin*, *gegon* en face de *benim* (gr. Θείνω, ἔπεφνον) — *guidiu*, *rogád*, (cf. ποθέω). — *gorim*, *gorm* (skr. *gharmás*) sans supposer une chute du ʷ devant *o*. D'autres exemples, tels que *ingen*, s'expliquent par l'influence de *n*, consonne qui devait suivre immédiatement le *gʷ* dans une partie de la déclinaison. — Le mot *bó* est très difficile : si ʷ tombe devant *o* en celtique, il ne reste d'autre moyen pour rendre compte de sa labiale initiale que de supposer un thème *g_2eu-*, comme l'a déjà fait von Planta (*Grammatik der osk. umbr. Dial.* I, p. 116) pour d'autres raisons. — Ainsi, le germanique, l'italique et le celtique s'accordent d'une manière générale dans le traitement des vélaires devant consonne et devant *o*.

On ne peut considérer comme exemples valables de *α′β* : 1° Les mots du langage enfantin : skr. *akkā*, gr. Ἀκκώ, lat. *Acca* : ils ont une situation à part en indo-européen où ils présentent le fait, d'ailleurs inouï, de consonnes doubles : got. *atta*, gr. πάππα, νάννα, lat. *mamma*; v. Zimmer, dans K. Z. 32, p. 172 suiv. — 2° Les onomatopées : κηξ, skr. *kāka-* — κίσσα, κίττα, skr. *kiki-* (avec *k* devant *i*) — κόκκυξ, skr. *kóka-*, — peut-être κόραξ, lat. *coruos*, si on les rapproche de skr. *kārava-* plutôt que de lit. *szárka* «pie» — γαγγανεύειν, cf. v. sl. *gagnati*, skr. *gañjana-*. Le *k* subsiste aussi longtemps que le sentiment de l'onomatopée. — 3° Les mots, sans doute très nombreux, qu'a déformés l'étymologie populaire. Par exemple le gotique répond par *hwairnei* à v. h.-a. *hirni*, gr. κρᾱνίον, tandis que gr. κέρνος a un *κ* irrégulier en face du skr. *carús*, corn. *per*, v. isl. *huerr*, *huerna*, russe *čarar* «coupe» (de *$k_2\bar{e}r\bar{a}$*) et v. sl. *koriči*, *koryto* : le double sens du latin vulgaire *testa* montre les deux significations, rapprochées peut-être sous une influence germanique; cf. skr. *kapálam*. — Le grec λοίγος, cf. lit. *ligà* peut devoir son γ à λυγρός, λευγαλέος. —

mais cf. zd. *tkaēša-* Le *kh* représente i.e. *k*, comme dans *khēn* = gr. ποινή, v. sl. *cĭna* — *kherel*; cf. gr. κείρω, — *khan* = lat. *quam* — *elikh* = ἔλιπε — *-kh* = skr. *ca*, gr. τε dans *o-kh* «quelqu'un», *č-i-kh* «rien» où l'on trouve le nominatif d'un interrrogatif *i*- dont l'instrumental est *iv* «comment» ou, avec la particule *r*, *ilr*, *ibr-ev* et avec *-kh*, *ivi-kh* (noter la conservation de l'*i* de *-bhi*), *owre-kh* «quelque part» etc. — On ne trouve *kh* que dans les emprunts plus récents de l'arménien à l'iranien : cf. *paykhar* «combat», pehlvi *patkār*, persan *peikār* en face de *patker* «image», pehlvi *patkar*.

Le v. sl. *žlĭtĭ* est parent de *žlĭtŭ*, cf. lit. *geltas*, d'où *f* de *fel*; il existe d'autre part, un adjectif *zelenŭ*, cf. lit. *žolė* «les plantes», d'où *h* de latin *holus, olus*. Les deux mots étant très semblables se sont influencés : d'où le gr. χολή et en latin *flōrus*, cf. χλωρός, (d'après Duvau) à côté de *heluos*; cf. aussi χέλυς et v. sl. *žĭly*. — Le grec ἔγχελυς en face de lit. *angis*, lat. *anguis* paraît avoir subi l'influence de ἔχις et de ἄγχω. — Le grec δέλτα doit son δ au lieu de γ (cf. got. *kilþei*, skr. *jártu-*) à δελφύς. — Le got. *gaidw*, cf. lit. *geidžŭ*, a *g* sans ʷ devant *a* issu de *o*; il a sans doute influé sur le mot germanique que représente v. h.-a. *gīt*; il faut ajouter l'action de *gërōn*. — Les faits de ce genre sont fréquents dans toutes les langues, et il est probable que plus d'un cas apparent de α'β y trouvera une explication aisée. Ils peuvent même donner l'illusion d'un phénomène phonétique régulier : à ἐγώ, got. *ik*, arm. *es*, le sanskrit répond par *ahám*, c'est-à-dire **ajhám* au lieu de **ajám* sous l'influence de *máhyam* — à μέγας, got. *mikils*, arm. *mec*, par *mahát-* (de **majhát-*) au lieu de **maját-* (le sanskrit possède encore *majmán-*) sous l'influence de *mámhate* : optat. *mahema*, et d'une manière plus générale des mots qui répondent à got. *mag*, v. sl. *moga* d'une part, got. *manags*, v. sl. *mŭnogŭ* de l'autre — à Θυγάτηρ par *duhitár-* d'après *duhé, duhaté* dont on l'a souvent rapproché — à γένυς, got. *kinnus*, arm. *cnawt* par *hánus* «mâchoire», cf. *hánti* (*hánu-* et la racine *han-* se trouvent rapprochés *R. V.* IV, 18, 9 et I, 52, 6). — Quant à skr. *ha*, il est identique à v. sl. *že*, gr. -θε (dè εἴ-θε) et bien distinct de gr. γε, got. -*k* (*mi-k*), arm. **-c* (dans *ž-is* «ἐμέ», pour **ic* et *z-khez* «σέ» pour **khec* d'après le datif *khez*).

Il faut enfin écarter certaines étymologies fausses ou trop incertaines. Les mots occidentaux gr. καρπός, lat. *carpō*, v. h.-a. *herbist*, supposent une racine **karp-* «cueillir» et n'ont rien de commun avec lit. *kerpù* «je coupe; je tonds», skr. *kalpaka-* «barbier». — Le rapprochement Κένταυρός, *Gandharvás*, auquel le double phénomène d'étymologie populaire qu'il suppose donne un caractère arbitraire, est rendu plus douteux encore par le *g-* du sanskrit au lieu du *j-* que suppose en tout cas l'ε du grec; du reste Pischel (*Ved. St.* I, p. 77 et suiv.) rejette cette étymologie pour d'autres raisons. — Le grec φωλεός peut, tout aussi bien que γωλεός, être comparé à lit. *gūlis*. Il est vrai que *gūlis* rappelle *guliù, guléti*; mais ce mot est visiblement avec βάλλω dans le même rapport de sens que lat. *iaceō* avec *iaciō*; il appartient au même type de verbes intransitifs et passifs que μαίνομαι : μανῆναι; russe *sižú* : *siděti*; arm. *berim* «je suis porté»; skr. *bhidyáte*. Si *gūlis* est parent de *guliù* — ce qui n'est pas évident — il ne saurait l'être ni de γωλεός ni de φωλεός. Quant au grec βάλλω, sa signification a été en partie transformée par une confusion avec un autre verbe parent de lit. *gélţi*, v. h.-a. *quêlan*, arm. *kel* « plaie ». — Le grec μῆχος ne rappelle nullement pour le sens v. sl. *moga*, got. *mag*, skr. *maghám*. — Le latin *cāligō* est sans doute parent de κηλίς, κηλάς; mais comment concilier le vocalisme de *cāligō*, κηλίς avec celui de v. sl. *kalŭ*, skr. *kāla-* et *kalaṅka-* et de κελαινός? Il ne faut d'ailleurs pas oublier τέλμα. — On compare gr. χανδάνω, χείσομαι, ἔχαδον, lat. *prehendo*, got. *gitan* et alb. *gêndem* « je suis trouvé ». L'albanais est la seule garantie sérieuse que l'on ait ici pour admettre le traitement *α'β*; c'est-dire que la preuve n'est pas solide. D'ailleurs les formes peu conciliables **ghend-* et **ghed-* et les sens assez différents de « embrasser » et « obtenir » peuvent, si l'on admet le rapprochement albanais, faire soupçonner une confusion de deux racines primitivement distinctes.

D'une manière générale, il importe de ne pas oublier que toutes les étymologies n'ont pas la même valeur et qu'il faut toujours tenir compte du degré de certitude que chacune comporte. Par exemple, v. sl. *cě* peut être rapproché de καί, si l'on admet un troisième type de gutturales, mais, comme son sens engage à le rapprocher de lat. *at-quī*, gr. ϖοι (Wackernagel, K. Z., 33, p. 21 et suiv.), on n'en doit tenir nul compte ici. Le lit. *kaṁpas* et le lat. *campus* semblent identiques : mais le sens premier du mot lituanien est « angle, coin » : le mot latin n'a pas ce sens. On sera tenté de rapprocher gr. κάμπ7ω, καμπή de *kaṁpas*; mais κάμπ7ω doit peut-être son κ à quelque influence récente; cf. γαμψός. D'ailleurs on ne peut regarder comme évident le rapprochement d'un mot isolé d'une langue connue à date très basse et d'un verbe grec, surtout quand il s'agit d'un type vocalique aussi rare que *-an-*. De même on ne saurait affirmer que skr. *kārúṣ* « poète » (Geldner, *Ved. St.* I, p. 150) et gr. κῆρυξ « héraut » soient parents. Les doutes doivent être plus grands encore lorsqu'il s'agit de mots empruntés à des glossateurs, tels que καίατα (cf. skr. *kévaṭa-* pour **kevŗta-?*) ou χαυρός (cf. lett. *kauns* « honte », got. *hauns?*). — Si l'on écarte tous les exemples douteux à divers titres, les listes du traitement *α'β* données par Bezzenberger (dans ses *Beiträge*, 16, p. 240 et suiv.) deviennent singulièrement courtes.

II

Pour étudier les lois de détail qui expliquent le traitement *β* en Orient en face du traitement occidental *α'*, il est utile de déterminer la prononciation de k_1 et de k_2 à la date la plus ancienne où il soit possible de remonter.

Les palatales *g₁* et *g₁h* sont représentées en sanskrit par *j* et *h* (issu d'un plus ancien *jh*), en zend par *z*, en perse par *d* et

z, sans que la raison de la différence soit connue, en slave par z, en lituanien par $\dot{z}$, en arménien par c et j, toutes formes qui reposent sur d'anciens dz ou $*d\dot{z}$ (notations complexes d'articulations unes). L'arménien a conservé la prononciation ancienne, à ceci près que la douce sonore $*dz$ est devenue la douce sourde c[1]. Les formes sanskrites telles que *vidbhyás* et *rīḷhá-* remontent à $*vidzbhyas$ (avec chute de la sifflante; cf. *útthitas* de $*ut$-*sthitas*; *úttaras*, de $*utstaras$; cf. zend *ustema-*, gr. ὕσ]ερος) et $*ri\dot{z}dhas$ (avec dissimilation pour $*ridzdas$). Il est aussi impossible de tirer *vidbhyás* de $*vizbhyas$ que *madgús* de $*mazgus$. (J. Schmidt, *Pluralbild.*, p. 157 et suiv.) Le slave lui-même a peut-être trace de dz-; la racine $*dhieg_1h$- «pétrir, façonner la terre», si largement représentée dans les autres familles manque au letto-slave; en revanche on trouve *zidŭ* «τεῖχος» (cf. *vidŭ*, Fεῖδος, Hirt) — *zidati* «κτίζειν, οἶκο δομεῖν», lit. *žédžu* «je façonne» — *zidarǐ* «κεραμεύς» — *zidŭ* «terra figularis» (cf. got. *daigs*). Il est clair que la racine slave *zid*- remplace la racine i.e. $*dheig_1h$-; il doit s'être passé quelque chose de comparable à ce qui est arrivé à skr. *jihvā́* et à v. sl. *žežetŭ*; sans doute, il faut partir du thème verbal $*deidzye$- d'où $*deidzye$- $*dzeidzye$-; le détail ne peut être précisé, mais, seule, la prononciation dz, $d\dot{z}$, rend compte des phénomènes. — Le k_1 est rendu par skr. ç, zend s, v. pers. s ou þ, sl. s, lit. sz, arm. s: les prononciations $*ts$, $*t\dot{s}$, ne sont plus attestées nulle part; mais le sanskrit en a conservé la trace; le nominatif régulier des thèmes en -ç est en -*k*, reste de l'ancien $*t\dot{s}$: *hŕdispŕk*, *dík*, etc.; mais, dans tous les autres thèmes terminés par une consonne, l's finale tombant phonétiquement, le sanskrit semble former dès lors le nominatif sans désinence : d'où la restitution de la consonne des thèmes *viç- páç-*, etc; en un temps où la prononciation de ç était encore $*t\dot{s}$, puis réduction phonétique de $*t\dot{s}$ à t : *vít*, *spát*, *rát*, etc. Cf. la troisième personne verbale : *nat*. L'existence des prononciations $*ts$ et $t\dot{s}$ suivant les dialectes dans le groupe oriental suppose un ancien k', hypothèse confirmée par le traitement occidental a'. On ne peut déterminer si la prépalatale k_1 était primitivement pure comme l'indiquent le grec, le latin, le celtique et le germanique, ou mouillée comme l'indiquent les langues orientales.

Fick a cependant cru démontrer que k_1, g_1, g_1h étaient déjà en indo-européen des spirantes. Voici son raisonnement : «La palatalisation grecque n'atteint jamais le k pur, mais seulement le q des langues occidentales; il s'ensuit que le k pur occidental n'était pas une gutturale primitivement; autrement il aurait été

---

[1] Les dialectes arméniens modernes supposent cette prononciation et non la forte. Il en est de même de arm. p, t, k.

palatilisé. » (*Bezz. Beit.* 16, 292.) L'argument aurait quelque valeur s'il était établi que k_2 s'est palatilisé devant *e*, *i* en indo-européen. Mais :

1° La palatalisation grecque est indépendante de celle de l'indo-iranien, du letto-slave et de l'arménien. On trouve en effet dans une partie des dialectes grecs ϖε-, βε-, φε- de k_2e-, g_2e-, g_2he- : ϖέσσυρες, béot. ϖέτταρες = lesb. ϖῆλυι, béot. Πειλεστροτίδας — lesb. φήρ — Βελφοί, etc. La théorie de Hoffmann (*Bezz. Beit.* 18, 149 et suiv.), qu'il s'agirait ici de k_2w- et que ce k_2w serait représenté par des labiales dans le groupe occidental [sauf les dialectes ionien et dorien du grec], ne satisfait pas : cf. gr. ϖέντε, lat. *quinque*, mais got. *fimf*; *quattuor*, mais ϖέσσυρες, *fidwor* — φήρ en face de lit. *żvéris*, polon. *z'wierz*, mais lat. *equos* en face de ἄçvas. Du reste on attend dans cette hypothèse, *ἄππελλα, *ἄπποινα comme ἵππος. Enfin *kw*- subsiste dans lit. *kvãpas*, etc. La loi de ce traitement dialectal est révélée par l'opposition de béot. Βελφοί : ἀδελφιός : labiale à l'initiale du mot, dentale à l'intérieur; cf. φήρ, ϖέσσυρες, ϖείσει, ϖῆλυι, βέλλομαι, etc., en face de lesb. ϖέντε et de l'enclitique τε. Les exemples contraires sont : ἄμφην dont la parenté avec αὐχήν est difficile à déterminer — le mot en tout cas très obscur ἴμβηρις — σπέλλω qui peut devoir son π à σπολέω — et ἄφενος, qui ne prouve pas à cause du voisinage de ἄφνος. Les labiales latines semblent provenir d'emprunts aux dialectes voisins. Celles du germanique, quand elles ne sont pas dues à l'influence d'une labiale voisine, le sont en partie à des phénomènes d'étymologie populaire : *bidjan*, cf. θέσσομαι d'après *baidjan*, cf. ϖείθω et le v. sl. *béditi* au sens de « persuader »; v. h.-a *lebara*, cf. *yákṛt*, d'après un mot analogue à λίπα, λιπαρός dont on l'a parfois rapproché à tort. — De plus, dans tous les dialectes grecs, la palatalisation de g_2 a lieu devant ε, mais non devant ι (Brugmann, *Grundr.* I, § 428, a); les exemples contraires cités par Fick (*Bezz. Beit.*, 16, 287) sont sans valeur. Le seul qui puisse faire illusion, διερός, est un mot poétique rare et de sens obscur; il est d'ailleurs contredit par βίος. Il est probable que g_2hi- donne de même gr. φι- : ὄφις, cf. zend *aži*- et φιαρός, cf. φοῖβος et lit. *gaĩsas*, *gẽdras*; (l'α de φαιός, φαιδρός est dû à l'analogie de φαεινός); cf. aussi θειλόπεδον, du ὀδόντες λευκὰ θέοντες (Hésiode, *Scutum*, 146, 224), la glose θοός · λαμπρός (avec ο au lieu de ε d'après θοός « rapide ») et même θεός qui serait ainsi une traduction du mot attesté par skr. *devás*, lat. *deus*[1] : les exemples de traductions de ce genre

---

[1] Le rapprochement de θεός et lit. *dvãse* a ceci contre lui que θϜ- devait donner σ-; cf. ῾σέ de τϜέ. Si, contre toute vraisemblance, θϜ- subsiste, l'initiale de θεός devrait faire position chez Homère, comme celle de δϜέος. — Le σ de θέ-σ-φατος rappelle θε-σπέσιος.

sont nombreux; cf. lit. *dvilinkas*, v. sl. *dvogubŭ* en face de gr. διπλός, δίπαλτος, lat. *duplus*, *duplex*, v. h.-a. *zwifalt*; ou russe *mir* « paix » et « village », cf. lit. *kēmas*, got. *haims*, à côté de v. sl. *pokojĭ* et skr. *kṣitíṣ* en face de *kṣéti*, cf. κτίζω. Enfin, si l'on admet que k_2i- donne τι-, c'est sans preuves suffisantes : le τ de τίσις et τίς s'explique assez par celui de τείω et du génitif τέο; mais le π de ϖραπίς, cf. v. h.-a. *fërah*, et de ἀσπίς, cf. lit. *skŷdas* doit être phonétique de même que celui de ϖινυτός; le thème ϖινυ- est la forme nasalisée répondant à *kycu-*, v. sl. *čuja*, cf. νηπίος; la racine *k_2ei- (skr. *cikéṣi* etc., *cétati* et lat. *queo*) est identique à l'élargissement près : cf. *titarti* : *tarute*. Le participe ϖεπνυμένος (cf. Schulze, *Quaest. epicae*, p. 323) résulte de l'influence de ϖνέω; il a été formé par étymologie populaire en un temps où l'on sentait bien le rapport des deux significations de θῡμός; c'est de ce double sens indo-européen que résulte en latin le changement de sens de *animus*, *anima*. (L'influence de mots à double signification est sans doute un facteur important du changement de sens des mots synonymes dans les langues : cf. en latin *uxōrem dūcō*, sous l'influence du verbe répondant à v. sl. *vedǫ*, lit. *vedù*, v. irl. *fedim*, qui a disparu, ne laissant d'autre trace que cette locution.) — Le fait que les vélaires grecques ne se palatalisent pas devant ι suffit à distinguer profondément le phénomène grec du phénomène oriental. — En effet, si g^we- donne δε- tandis que g^wi- donne βι-, c'est que δε- ne repose pas directement sur g^we- : il y a eu disparition de ^{w} devant ε, et non devant ι, et c'est alors seulement que g s'est palatalisé. Puisque g^we-, passant par *ge*-, n'aboutit pas à γε-, groupe qui subsiste en grec, l'élément spirant de g^we- s'est transformé plutôt qu'il n'a disparu. Et comme d'ailleurs le phénomène a lieu devant ε et non devant ι et par suite ne tient pas seulement au caractère palatal de la voyelle, il faut croire que, à la date où il s'est produit, ε avait en grec une prononciation ʸe : c'est par cet intermédiaire que l'*e* ouvert de l'indo-européen est devenu l'*e* fermé du grec; cf. franç. *pied*, *métier*. La prononciation ʸe n'est pas spécialement grecque; en arménien on la trouve au commencement des mots; en vieux slave, l'alphabet glagolitique n'a qu'un seul signe pour *e* et *je*; le russe et le polonais ne possèdent encore aujourd'hui que ʲe (ou la forme à dissimilation ʲo); en indo-iranien à -*as* (de i.e. -*os* et -*es*) devant consonne sourde initiale du mot suivant répond -ō devant consonne sonore; on ne peut tirer ce -ō de -*az* (*z* final diffère de *z* intérieur; cf. skr. -*ḥ* de -*s* finale), car -*z* ne peut donner à *a* le timbre *o*; tout *a* indo-iranien était donc *ă* et non *á*; mais, devant *a* issu de i. e. *e*, les gutturales sont palatalisées, ce qui s'explique devant *á*, mais non devant *ă* : on en conclura que *ca*- repose sur *k'ă*- où le timbre *ă* lui-même est le résultat de la dissimilation d'un ancien $k^{\flat}\acute{a}$-; l'élément $^{\jmath}$ a disparu ensuite en indo-iranien comme dans les dialectes slaves du Sud. Ces prononciations $\varkappa'$, γ', χ' devant ε, une fois admises, rendent compte de quelques cas embarrassants : ainsi le $\varkappa'$ de $^{*}\varkappa'\varepsilon$, qui devait devenir τ, s'il était transporté analogiquement dans $^{*}\varkappa\alpha$, perdait sa palatalisation, d'où dor. $\delta\varkappa\alpha$, au lieu de $^{*}\delta\pi\alpha$; l'éol. $\delta\tau\alpha$ a conservé le τ de $\tau\varepsilon$. L'ancien génitif $^{*}\varkappa'\varepsilon o$ (plus tard $\tau\acute{e}o$) explique ion. $\varkappa\acute{o}s$ et peut-être même thess. $\varkappa\acute{\iota}s$, devenu $\sigma\acute{\iota}s$ en cypriote (Hoffmann, *die gr. Dial.* 1, p. 206.) Le crétois $\tau\varepsilon\widetilde{\iota}o\nu$ explique ion. $\varkappa o\widetilde{\iota}o\nu$. La glose $\tau\varepsilon\pi\tau\acute{\alpha}\cdot\dot{\varepsilon}\pi\tau\acute{\alpha}$ rend ainsi compte de $\dot{\alpha}\rho\tau o$-$\varkappa\acute{o}\pi os$ (cf. lit. *kepù*)· et $\ddot{\varepsilon}\chi\iota s$ doit peut-être son χ à $^{*}\dot{\varepsilon}\chi\acute{\varepsilon}jos$ (?). Quoi qu'il en soit, l'opposition de gr. $\beta\iota$- $\delta\varepsilon$- et de skr. *ji-* : *ja-* : est caractéristique.

2° La palatalisation des vélaires est moins avancée en lituanien qu'en slave. En arménien, on la trouve dans le cas de *gh-* : *jerm* = $\Theta\varepsilon\rho\mu\acute{o}s$, *jil*, *jil* «nerf» = v.sl. *žila*, mais non dans celui de *g-* : *keankh* «vie», *-ker* «qui mange», *kin* «femme». Le phénomène est donc relativement peu ancien dans les langues orientales, et $^{*}k_1$ était déjà $^{*}ts$ ou $^{*}t\check{s}$ quand $^{*}k_2 i$ est devenu $^{*}k'i$. — Pour ces deux raisons, on ne peut regarder comme probant le raisonnement de Fick.

Les vélaires sont représentées en Orient par *k*, *g*, *gh* palatalisés à l'occasion. Les langues occidentales présentent k^{w}, g^{w}, gh^{w}, dont l'élément ^{w} a deux caractères remarquables : 1° le ^{w} appartient à la même syllabe que l'occlusive *k*, *g*, *gh*, c'est-à-dire que ces phonèmes ne forment pas position, et que, là où ils aboutissent à labiale ou dentale, ils donnent *p* ou *t* simple, à la différence de $^{*}k_1 w^{*}$ qui donne $-\pi\pi-$ en grec : $\ddot{\iota}\pi\pi os$; on trouve aussi $\pi\acute{\varepsilon}\lambda\varepsilon\varkappa\varkappa o\nu$ avec $-\varkappa\varkappa-$ au lieu de $-\pi\pi-$ d'après $\pi\acute{\varepsilon}\lambda\varepsilon\varkappa\upsilon s$ (cf. $\gamma o\acute{o}s$ en face de $\beta o\acute{\eta}$- d'après une forme faible de la racine $^{*}g_2 eu$- «crier»?)[1]. — 2° Cet élément, qui est ici rendu par ^{w}, faute d'une notation plus précise, ne comporte aucune participation des lèvres ou n'en comporte qu'une très faible; ce n'est pas un phonème à part, mais un élément vélaire qui fait partie du *k*, à peu près comme le souffle de *k'* fait partie de la prépalatale. Sous l'influence d'une labiale voisine, les lèvres sont intervenues en germanique dans la prononciation de k^{w}, g^{w}, gh^{w}, d'où *f*, *p*, *b*, (Kluge, dans Paul, *Grundriss*, I, p. 331.) Seul, un phonème non labial peut être supposé dans le primitif $^{*}nok^{w}s$ de $\nu\acute{\upsilon}\xi$. Les langues occidentales ont plus tard introduit partout un élément labial; et, comme tout changement phonétique rend plus aisées les modifications ultérieures[2], il en est résulté le passage aux labiales

---

[1] Cf. l'excursus sur $\dot{\varepsilon}\nu\nu\acute{\varepsilon}\alpha$, p. 303.

[2] Exemple : la *lautverschiebung* du germanique et de l'arménien a été suivie d'une seconde dans plusieurs dialectes des deux langues. — Un phonème qui

dans une grande partie des dialectes. — Il importe de savoir si
l'i. e. k_2 était le k pur oriental ou le k vélaire, accompagné d'un
élément spirant — résultant d'une occlusion incomplète — du
groupe occidental. Les deux thèses ont été soutenues.

D'après J. Schmidt (K. Z. 25, 134),. l'indo-européen aurait
distingué k_1o- et k_1e-; cette distinction se réfléchirait en sanskrit
par une opposition de *ka*- et *ça*-, par exemple *srjáti* = zd *here-
zaiti*, cf. persan *hilem*, en face de *sárgas*; cf. arm. *arkanel*, aor.
arki « jeter » en face de *z-erc* « libre de », *arcarcel* (pour la chute
de *h* initiale, cf. *ankanil* « tomber », got. *siggan*), en grec de ϖο-
et χε-; or le traitement β′ ne peut apparaître dans ce cas en Occident que si le ʷ est un développement postérieur du *k*: La gutturale pure des langues orientales serait donc ancienne. La théorie
d'ensemble fût-elle établie — et l'on sait qu'elle ne l'est pas —
la démonstration n'en serait pas moins caduque parce que, seuls,
les exemples occidentaux prouveraient, et que ceux sur lesquels
s'appuie Schmidt doivent ou peuvent être écartés : ὄπλω pour ὄκτω
est analogique de ἐπλά — skr. *niçás* est à séparer de *nákti*- (Schmidt,
Pluralbild., 255) — la ressemblance de γυνή et ἄμφην avec γίγ-
νομαι, γενέτης ou ἄγχω n'entraîne pas nécessairement parenté —
μάρπλω ne peut être rapproché du skr. *mṛçáti* qu'en séparant de
celui-ci lat. *mulceō* = βρί, βριαρός, ὄβριμος rappellent βαρύς;
cf. arm. *kari* « grièvement. fort, très » — le *gw* du got. *aggwus* est
secondaire = une forme telle que lat. *linguō* est due à l'influence
de la flexion : *ungō* : *unguis* qui tendait à se régulariser par la
création de doublets : *ungo* : *ungis* et *unguo* : *unguis*; d'où un
doublet *linguō* : *lingo* et, grâce au voisinage de *lingua*, extension
de *linguo*. — Le -ϖροϖος contenu dans Θεο-ϖρόϖος serait le seul
reste de la racine **prek_1*- en grec si l'on rapproche ce mot de lat.
procus, slave *-prosŭ*; de plus Θεο-ϖρόϖος ne signifie pas « celui
qui interroge les dieux », du moins chez Homère.

L. Havet (*Mém. Soc. Ling.*, 2, 266 et suiv.) et Collitz (*Bezz.
Beit.*, 2, 192) ont, dès le principe, soutenu le caractère primitif
de *kʷ*, en donnant pour raison que le passage de *kʷ* à *k* est fréquent, et le passage inverse presque sans exemple; Osthoff s'est
rangé à leur avis (*P. u. Br. Beit.*, 8, 283), ainsi que Noreen.
(*Urgermansk judlära*, p. 66 et 68.) Il y a là, en effet, sinon une
démonstration, au moins un argument qui a d'autant plus de
poids que l'autorité particulière souvent attribuée aux langues
orientales n'est justifiée par rien. On peut aller plus loin, et il
semble au moins possible de trouver une trace de l'élément ʷ
compris dans g_2 et g_2h.

---

a une fois commencé de se transformer peut devenir méconnaissable : le latin *ē*
est en français moderne *wa*.

Pour des raisons qui, en général, nous échappent, l'initiale des mots indo-européens était sujette à diverses modifications. Sans parler des combinaisons compliquées de consonnes, peu probantes en raison de leur caractère exceptionnel, il faut citer d'abord l'alternance bien connue : *sk-* : *k-*; *st-* : *t-*; *sp-* : *p-*; *sw-* : *w-*. Quand un mot commence par une consonne suivie d'une sonnante, l'initiale se présente sous trois formes : 1° consonne plus voyelle. — 2° consonne plus semi-voyelle (opposition de : *diēs* : *Iouis*; γυνή : μνάομαι, etc). — 3° consonne seule avec chute de sonnante. (Brugmann, *Grundriss*, I, § 149 et 187, II, § 170.) Les exemples sont nombreux : skr. *hyás* : v. h.-a. *gësta-ron*, lat. *heri* — v. sl. *plesna*, gr. πλέρνα : v. h.-a. *fërsana* — skr. *svayám* : got. *sik*, v. sl. *sę*; skr. *svadhá-* : got. *sidus*; got. *swes*, arm. *khecel* « séparer » : lat *sed* — racine **twek-* dans *tvakṣāṇá-*; gr. τυτυκεῖν, τιτύσκομαι; v. sl. *tŭkati*; d'où skr. *toká-*. *tókman-*, et **tek-* dans ἔτεκον, τέκνον; arm. *thekhel* « fabriquer » et en particulier « aiguiser »; skr. *tákṣati*; v. sl. *tesati*; lat. *texō* [1] — skr. *ví-bhvā* : pers. *biyā*, lett. *biju*; cf. en latin en face de *monēbam* (de **monēfām*), *potuī* (de **potĕ-uī*, de **potĕ-fuī*) et *ferbui-* (de **ferbĕuī*, de **ferbĕbuī*, de **ferwĕfuī*; pour le traitement de *fw-* cf. *ferus* et *niuem*) — ὁράω (rac. **swer-*) et lat. *seruo*, cf. avec chute de *s* initiale : got. *warjan*, lat. *uereor* et d'une manière plus générale : lit. *sakaū*, skr. *vívakti*; lit. *sergù*, et *vargás*; gr. ἕλκω et lit. *velkù* qui semblent supposer des triplets : *sw-, s-, w-* — skr. *práti*, ion. προτὶ et zend *paiti*, dor. ποτὶ — got. *brikan*, lat. *frangō* et arm. *bekanel* « briser », aor. *ebek*; skr. *bhanákti* — got. *brukjan*, lat. *frūgī* : skr. *bhuṅkté*, lat. *fungor* (Pedersen, dans *Idg. Forsch.* II, 289) — v. h.-a. *frŏno* : polonais *pan* — v. sl. *pleśte* : lit. *petŷs* (cf. skr. *úras*, gr. στέρνον) et lit. *plantù* : gr. πετάννυμι. Il serait aisé de multiplier ces exemples d'un fait trop peu étudié. — Les voyelles prothétiques devant un groupe de consonnes initial fournissent un troisième exemple de doublets (de Saussure, *Mémoire*, p. 276) : gr. ἀστήρ, arm. *astł* en face de got. *stairno*, lat. *stella* (de **stel-na?*) — gr. αὔξω : skr. *ukṣáti*, cf. *vaváksa*, etc. — Un fait très intéressant enfin est le doublet **wi-* (Ϝί-κατι) : **dwi-* (Brugmann, *Grundriss*, II, § 177, p. 493.) — L'existence de variations nombreuses de l'initiale des mots indo-européens étant ainsi établie, on ne s'étonnera pas de voir alterner des formes à g_2, g_2h initial avec des formes à *w* initial. On peut citer les cas suivants :

En face de βούλομαι. dor. δήλομαι, cf. δελτόν·ἀγαθόν et de θέλω, φαλίζει· θέλει (v. sl. *želati*, skr. *gṛdhyati* « il désire », v.

---

[1] Cette racine a le sens de « produire » dans sa plus grande extension. Ce sens est spécialisé en trois directions : produire des enfants (ἔτεκον) — travailler avec la hache (τέκτων) — tisser (v. sl. *tŭkati*). — Curtius, *Grundzüge*, p. 219, 220.

sl. *žĭdĕti* ont-ils g_2 ou g_2h?) on trouve skr. *vṛṇŭté*, v. sl. *voliti*, got. *uiljan* et v. h.-a. *wĕla*, skr. *váras* «meilleur que», arm. *gex* «beauté», etc. — skr. *ágāt*, gr. *ἔβη* et arm. *gam* «je viens» (de **wāmi*?), ou, avec un élargissement, lat. *uādō*, v. h.-a. *watan*. — lit. *gĕdŭ* (skr. *gấyati*); gr. *ἀ-ϝείδω*. — skr. *jáyati* : v. sl. *vojĭna* «guerre» et son élargissement got. *weihan*, lit. *veikiŭ*; le latin *uincō* a le sens exact de *jáyati*. — lit. *galiŭ* «je puis», *apgaléti kā̃*; arm. aor. *kalay* «j'ai eu» (pour le sens cf. *ἔχω* : skr. *sáhate*; got. *haban* : lat. *capiō*; lat. *habeō* : v. irl. *gabaim*; v. sl. *jĭmamĭ* : *jĭmą*), cf. *jerb-a-kal* «prisonnier» (c'est-à-dire «tenu par la main»), *kalowac* «biens, possessions», et grec *ϝελεῖν* (Solmsen, K. Z. 32, p. 279 suiv.), *ϝαλίσκομαι*, *ϝαλωτός*, v. irl. *fladith*, v. sl. *vlastĭ*, got. *waldan*; on ne peut dire à laquelle des deux formes appartient lat. *ualēre* (cf. cependant v. Planta, *Gramm.*, I, p. 137). — skr. *jóguve*; gr. *βοή* et v. sl. *vyti*, gr. *ἀϋτή*. — skr. *gādhám* «gué» et ags. *väd*, lat. *uadum*. — v. h.-a. *quarter* et skr. *vrấtas* «troupe», ags. *wraéþ*. — v. h.-a. *quĕllan*, gr. *βλύω* et v. h.-a. *wallan*, *wĕlla*; v. sl. *vlŭna*, lit. *vilnìs*. — gr. *βάλλω*, *βέλος*, v. sl. *žely* «blessure» et skr. *vraṇás*; le lat. *uolnus* est ambigu; cf. peut-être le gr. *ϝῆλος*, lat. *uallus* (de **wl̥so-*?). — Si *βρόχος* représente **g_2r$g_1$hos*, on pense à lit. *veržŭ*, v. h.-a. *wurgen*. [V. de Saussure, *Mém. Soc. Ling.* VII, 92, n. pour le traitement de *r̥* après labiale; cf. (ϝ)*ρόμος* : got. *waurms* et *ἀστραπή* en face de (ϝ)*λύκος* : *φρυκτός*, *ibid.*, p. 77 et 79. L'*o* au lieu de *α* paraît ne se développer que s'il en existe un dans la syllabe suivante : *βραδύς*, *βραχύς*] — zend *aibi-gar-* «saisir» (*Yasna*, XI, 17), alban. *ngrē* «hebe auf» v. sl. *grŭstĭ* (russe *gorstĭ*, polon. *garść*) et arm. *gerel* «prendre», gr. *ἀ-ϝείρω*. — skr. *hánti*, gr. *ἔπεφνον* et zend *vanaiti*, got. *wunds*; hom. *ἀάατος*. — skr. *gharmás*, gr. *θερμός*, v. sl. *gorĕtĭ*, *požarŭ* et lit. *virti*, v. sl. *varŭ*, v. h.-a. *warm*.

Sans doute beaucoup de ces rapprochements sont cherchés loin, et tous sont contestables. Mais quelques-uns ont frappé les linguistes depuis longtemps et l'on a toujours eu peine à séparer *uolo*, *wiljan*, *voliti*, et *βούλομαι* : ces mots sont pourtant inconciliables si l'on n'admet pas l'hypothèse précédente. On conçoit d'ailleurs bien une relation entre g^w et w : en arménien le w initial devient g, tandis qu'en latin le g^w devient w. Si l'on admet une partie au moins des rapprochements qui viennent d'être signalés, il en résulte que la prononciation de g_2 était g^w. On peut en effet supposer que, dans tous ces cas, w est le plus ancien et que, dans certaines circonstances syntactiques, il est devenu g; alors l'intermédiaire nécessaire est g^w. Mais, comme g_2 et g_2h paraissent avoir également le doublet w, et qu'on ne conçoit pas que w ait pu donner les deux à la fois, il est probable que c'est de la gutturale qu'est sorti w; et le caractère ancien de la prononciation g_2^w ressort mieux encore. — Cette démonstration s'applique seulement aux deux sonores, mais le parallélisme de k_2, g_2, g_2h est tel qu'il en faut étendre le bénéfice à k_2 et supposer la prononciation k^w.

L'étude du traitement des gutturales avant et après u, w confirme l'hypothèse que la prononciation ancienne comprend un élément ^{w}.

Le groupe kw- est très rare dans le groupe oriental et l'étymologie des mots qui le contiennent est, dans la plupart des cas, inconnue; l'exemple le plus solide est lit. *kvāpas* : lat. *uapor*; cf. russe *kop*, skr. *kapi-*(?), gr. καπνός qui n'ont pas trace de w : on peut admettre que le w est tombé comme dans les cas cités p. 928. Mais le u- initial de *uapor* ne peut s'expliquer par kw-, qui aurait sans doute subsisté. C'est l'occasion de recourir aux k- prothétiques signalés par Meringer (*Beit. zur Gesch. der Declination, Sitzungsber. der phil. hist. Cl. der Wien. Acad.*, vol. 125), et dont κτύπος : τύμπανον, τύπτω (cf. v. sl. *tŭpati* et *tŭpŭtŭ*); v. sl. *koza* : skr. *ajá*; lat. *coxa* : *axilla* (cf. *uncus, ancus*); slave *nogŭtĭ* : *kogŭtĭ* (de *knogŭtĭ*?) fournissent de si curieux exemples et de couper *k-vāpas*; il est possible de même que got. *waurms*, lat. *uermis* représentent la forme ancienne, et que skr. *kŕmis* repose sur *kṛmis*, issu de *kwṛmis*. (Ainsi déjà Noreen, *Urgermansk judlära*, p. 127.) — Le verbe *kvathati* n'est pas védique; le pāli *kathita* avec son *th* fait supposer un primitif autre que *kvath-*; enfin le sens n'est pas celui de got. *hwaþjan* : c'est un rapprochement sans valeur. == Le lit. *kvěczù* «j'invite», et le lat. *in-uītō* ont assurément une remarquable identité de sens, mais comment expliquer la réduction latine de *kw* à u-? — Tandis que les exemples de *kw-* en Orient sont ainsi douteux, on trouve skr. *çv-*, lit. *szv-*, v. sl. *sv-* d'une manière certaine dans : skr. *çvitrás*, zend *spitō*, lit. *szvintù*, v. sl. *svitati* — zend *speñtō*, lit. *szveñtas*, v. sl. *svętŭ* — skr. *çvā*, zend *spā*, lit. *szŭ* — skr. *çvasiti*, cf. lat. *queror* — skr. *áçvas*, zend *aspō*, lit. *aszva* — lit. *żvéris*, polon. *żwierz*, cf. θήρ — skr. *jihvā*, v. pruss. *insuwis*; cf. lat. *lingua*. — L'étymologie skr. *çáçvant-*, gr. ἅπᾱς est douteuse. On ne doit pas citer ici *viçvas*, zend *vīspō*; le lituanien *visas* enseigne que v. sl. *vĭsĭ* n'a pas s issue de *k_1*, mais de *š* (ancien *sy*) qui devant $\breve{u}$ devient s en transformant la voyelle en i[1] (cf. le suffixe -*ĭcĭ* de *-ĭcŭ*, de *-ĭkyo-*); le féminin *vĭsja*, acc. *vĭsǫ* du vieux slave est analogique de *vĭsĭ*; le tchèque a conservé l'état ancien avec *ves* (dans *vesmir*), fém. *vše*; le tch. *všude* = polon. *wszędzie* a la forme ancienne, tandis que le v. sl. *vĭsǫdě* a une *s* analogique; il faut partir de *višva-* formé de *vi-*, comme zend *þrišva-* l'est de *tri-*; cf. skr. *víšu-*, gr. Ϝίσϝος; ce mot a

---

[1] Mais *šyū- donne ši- : šŭ, lit. sŭtŭ?

subi l'influence de *viç-* « village » ou celle du primitif de *çárvant-*,
d'où skr. *viçvas*, zend *vīspō*. On n'en doit pas tenir compte ici.
— Dans tous les exemples sûrs on trouve skr. *çv-* et non *kv-*,
etc. Or, en Occident, k^w devant *u* ne subsiste pas : πρέσβυς est
analogique de πρέσβα, πρέσβιστος, et sa forme propre est πρέσ-
γυς ; de même le seul *k* que puisse posséder l'indo-européen devant *w* est le k_1 : le fait s'explique donc si le k_2 était k^w.

Il serait intéressant de connaître le traitement de k^w devant *u* ;
mais *u* n'est jamais autre chose que la forme faible de *eu* devant
l'*e* duquel k^w subsistait, ce qui a entraîné la restauration de ^{w}
devant *u*, si, comme le fait prévoir le traitement de k^w, il dispa-
raissait dans ce cas. Il faut noter du moins le skr. *páçu-* en face
de lit. *pekus*, généralisation de l'une des formes de la flexion orien-
tale : *pek'us : *pekous), et *bahús*, arm. *bazowm* « beaucoup » en face
de lit. *bingùs* ; peut-être skr. *piçunas*, lit. *piktas* ; *çváçuras*, arm.
skesowr ; enfin *paraçúṣ*, gr. πέλεκυς, qui ne paraît pas différent
de l'assyrien *pilaku*. — Il semble donc que, devant *u*, le seul
traitement phonétique de *k* en Orient soit *a*, c'est-à-dire le seul
k qui, en indo-européen, ne comprît pas d'élément vélaire spirant : ce qui n'est pas k^w est nécessairement k_1.

Après *u* le grec ne connaît que le traitement *a'* ; on rapproche
parfois ὕβρις de skr. *ugrás* ; mais le mot sanskrit peut se traduire
par δεινός, tandis que ὕβρις indique une action contraire à la loi.
La comparaison de ὑπερφίαλος, ὑπερηνορέων, lat. *superbia*, v.h.-
a. *ubarmuoti*, *uppig*, *ubil* engage à rapprocher ὕβρις de ὑπέρ,
soit *ubris* ; le *b* se retrouve dans ags. *up*, arm. *howp* « près de »,
lat. *sub* (la différence de sens « sur » et « sous » ne s'oppose pas au
rapprochement ; cf. skr. *adhás*, v.h.-a. *untar* et skr. *ádhi*, v.sl. *nadŭ*),
cf. lat. *ab*, arm. *apa* : gr. ἀπό ; et got. *ut* : skr. *utá*. (Cf. Pott,
Et. Forsch. ², I, p. 498 et 653.) — Il en est de même du latin :
frūgēs montre que *fruor* ne sort pas directement de *$frūg^w or$* ; il y
y a eu intervention d'une forme telle que *$frunig^w e-$* (cf. *fruniscor*,
Idg. Forsch. II, p. 289) ; quant à *ūuor*, *ūuidus*, *ūueō*, le *g* n'a pas
toujours été en contact avec *u* ; cf. v. isl. *vökr*, skr. *vavákṣa* ; on
ne sait d'ailleurs s'il s'agit de g_2 ou s'il ne faut pas plutôt partir
de *ūgwes-*, cf. v.isl. *vókua*. — Pour le celtique, v. *Bezz. Beit.* 16,
252, où se trouve confirmée par gall. *bugail* « berger » la belle
remarque de de Saussure sur βουκόλος : αἰπόλος. — Enfin, en
germanique, on trouve après *u* tantôt *h*, tantôt *f*, mais non *-hw-* :
got. *auhns*, v.h.-a. *ofan* ; l'*h* et l'*f* se trouvent dans les mêmes
mots ; le phénomène est donc proprement germanique : *h* a
passé à *f* sous l'influence de *u* précédent dans des conditions qui
restent à déterminer. — L'arménien répond par le traitement *a*
(*Mém. Soc. Ling.*, VII, 57 et suiv.) ; le mot *owsanel* « apprendre », que
Bugge et Fr. Müller ont rapproché de v.sl. *učiti*, etc., en fournit

un bon exemple. Quand on trouve le traitement β, il s'agit du -*k*- d'un suffixe : *phowkh* « souffle », cf. $\pi οι φύσσω$, et lit. *pústi* — *šowkh* — *thowkh* « crachat », cf. $\pi τύω$: il semble donc que l'*u* ait exercé ici son action avant l'addition du suffixe. — L'irano-indien et le letto-slave ont le plus souvent le traitement β (*k* pur), rarement α (skr. *ç*- etc), parfois une alternance entre les deux : skr. *rócate* : *rúçant*-, v.sl. *lučĭ* : lit. *luszis* ⚌ lit. *kraukiù* : skr. *króçati* ⚌ skr. *rugnás* : lit. *láužu* — skr. *mugdhás* et *mūlhás*. ⚌ L'accord de l'arménien avec les langues occidentales fait supposer qu'après *u* l'indo-européen possédait seulement k_1, g_1, g_1h, et que, comme l'indique du reste son irrégularité, le traitement β est secondaire en sanskrit et en slave. Il semble en effet que, dans certaines conditions, un *u* précédent ait eu pour effet, dans ces langues, d'empêcher l'assibilation de k_1, g_1 : cf. skr. *ugrás*, lit. *áukti* et v.pers. *vazṛka* (persan *buzurg*), lat. *uegetus*; le développement de sens de got. *wunan* « trouver plaisir à » : *wanjan* « habituer » appuie un rapprochement de *váçmi*, *uçánti* et v.sl. *učiti*. — Or on conçoit bien qu'un groupe *uk*ʷ se dissimile en *uk*, c'est-à-dire uk_1.

Ces faits autorisent trois conclusions :

1° Le ʷ de *k*ʷ, *g*ʷ, *gh*ʷ, étant indo-européen, est tombé en irano-indien, letto-slave et arménien; dans les trois mêmes groupes il y a eu, d'une manière plus ou moins étendue, influence des voyelles de timbre palatal sur les vélaires précédentes; tous trois enfin ont modifié la prononciation de k_1, g_1, g_1h en un même sens. — Il n'en résulte pas que ces trois groupes aient entre eux une parenté particulièrement étroite : les modifications phonétiques se commandent mutuellement et il n'y a pas lieu de conclure de cette coïncidence que ces trois phénomènes ont eu lieu en même temps, mais seulement qu'ils sont respectivement la condition les uns des autres et l'effet de causes communes; les *lautverschiebung* du germanique et de l'arménien, parallèles, bien qu'indépendantes, fournissent un exemple analogue. Et, d'autre part, il existe une autre modification phonétique commune à plusieurs langues indo-européennes, le passage de *s* initiale de syllabe à *h* : on sait que son domaine ne coïncide pas avec ceux du traitement des gutturales.

2° Le traitement oriental β pouvant être secondaire, le seul critère certain de k_2 est le traitement occidental β'.

3° Là où le ʷ de *k*ʷ, *g*ʷ, *gh*ʷ a été éliminé dès l'époque indo-européenne, les *k*, *g*, *gh*, ainsi produits subissent en Orient, sauf influence secondaire, le traitement α (skr. *ç*; *j*; *h*)) : le k_1 n'était donc pas une spirante, mais tout au plus une occlusive

mouillée *k'*, sans quoi il n'y aurait pas eu confusion de *k* issu de
*k*ʷ et de *k₁*, et, entre *k₂* et *k₁*, il n'y avait pas de gutturale intermédiaire, puisque ce qui n'est pas *k₂* est *k₁*.

III

On peut rendre compte d'un certain nombre d'exemples de
α'β en précisant trois cas où le *k₁* oriental ne s'est pas assibilé.

1° La sourde aspirée *kh*. — Elle donne skr. *kh*, iranien *χ*,
letto-slave *k*, arm. *x*, gr. *χ*. En écartant l'onomatopée : skr. *ká-
khati*, arm. *xaxaṅkh* « rire violent », gr. *καχάζω* (rac. *khakh-*), il
reste : skr. *skhálati*, arm. *sxalel* — skr. *khidáti*, arm. *xtir* « différence » (de *xitir* ?), gr. *σχίζω* — arm. *mowx* « fumée », gr. *σμύχω*
— skr. *çaṅkhás*, gr. *κόγχος* — persan *šáχ*, arm. *çax* « branche »,
lit. *szakà* (initiale *ks-*): le sanskrit *çákhā* est embarrassant; on attend *kṣākhā*, ou plutôt peut-être *ṣākhā*, cf. *ṣáṣ* « six »; il y a sans
doute ici une de ces confusions de sifflantes, si fréquentes en
sanskrit, et auxquelles le texte même du *Ṛg-vedā* n'a pas échappé :
cf. *rúṣkas* au lieu de *suṣkas* et *pṛṣat-* à côté de *pṛçni-*. Il n'y a pas
d'exemple de *k₁h* (traitement *αα'*). Il n'y en a pas non plus de
*kh*ʷ en Occident. Fick rapproche *ὀσφύς* de corn. *ascorn*, arm.
oskr, mais on ne saurait admettre que *kh*ʷ donne *φ* devant *υ*; cf.
Bezz. beit., 18, p. 24 — *σφάλλω* « je fais tomber, je trompe »
est plus voisin pour le sens du lat. *fallō*, cf. v.h.-a. *fallan*, lit *púlu*,
arm. *phowl* « éboulement » que du skr. *skhálati*; ce mot fournit le
doublet *sph-* qui apparaît en face de *ph-* initial comme dans arm.
sphir « épars » : *pharat* « dispersé », cf. skr. *sphuráti* : *parpharat*, et
phaṇati (forme prâkritisée de *phṛṇati*) — gr. *ὄνυξ*, lat. *unguis*
ont le même *g₂h* que lit. *nāgas*, v.sl. *noguti*; le *kh* de skr. *nakhás*
est donc secondaire; cf. *nāthitás* et *nādhitás*; v.pers. *kaufa-*, lit.
kaũpas et skr. *kakúbh-*; skr. *átha* et *ádha*; *yajáthāya* et *yájadhyai*,
etc.; *kh* a remplacé *gh* dans des conditions qu'il sera sans doute
difficile de reconnaître. — Le *kh* sanskrit semble ne pas admettre la palatalisation; c'est ainsi que l'on trouve *likháti*, *iṅkhati*,
cf. *rócate*, *rajáti*, *dáhati*; *skhálati*, cf. lat *scelus*; l'arménien *sxalel*
représente *skhᵒl-* — *khidáti* et enfin *ákhyat*, qui fournit la preuve
la plus solide.

2° Le groupe *sk-*. — Le traitement de ce groupe a été beaucoup discuté (en dernier lieu par Bartholomæ, *Studien*, II), mais
toutes les difficultés ne sont pas écartées; voici un nouvel essai
de coordination des faits.

En letto-slave *skh-* ne saurait être distinct de *sk₂-* : tous deux
doivent donner *sk-*. — Quant à *sk₁-*, on a supposé qu'il devient v.
sl. *s-*, lit. *sz-* dans plusieurs cas : prétérit lit. *aũszo* : skr. *uchάti* —

lit. *gaiszaū*, cf. lat. *haereō* — lit. *triszù*, zend *teresaiti* — v.sl.
suja, lit. *száuju*, cf. v.h.-a. *sciozzan*. On verra plus loin une autre
explication du dernier exemple. Le zend *teresaiti*, lit. *triszù* s'expliquent aisément par une racine *trek₁-*, parallèle à *trem-* (lat.
tremo) et *tres-* (skr. *trásati*). Le rapprochement de lit. *gaiszti*
« tarder » et « disparaître » avec *haerēre* « rester fixé à » n'a rien qui
s'impose. Enfin le *sz* de *aūszo* est pour *s* d'après *aūszta* où il paraît être régulier : cf. *áuksztas* de *aukstás*, cf. lat. *augustus*, *aūksz-
tas*, *mïrsztù*, *mïrsztu*, etc. — Ainsi le seul traitement bien établi
en letto-slave est *-sk-*.

En sanskrit *skh-* subsiste : *skhálati*. Le groupe *sk-* subsiste
devant voyelle non palatale : *skámbhás*, zend *skembō* — *skabhnóti*
— *skünóti* — *skándati*. La forme palatalisée de *sk-* est d'ordinaire skr. *ch-* (ou plutôt *cch-*); zend *s-* (Zubatý, dans K. Z. 31, 9
et suiv.) *skünóti* : *chavís* — *ácha*   v.sl. *ješte*, russe *ješčé* — *chāyá*,
cf. gr. σκία — *chinátti*, cf. σκίδνημι, lat. *scindo*, lit. *skēdžu* « je
coupe » (du lait avec de l'eau, etc.) — *tuchyás* — v.sl. *tüštĭ*, lit.
tùszczas — skr. *páchati*, zend *jasaiti*; *icháti* avec palatale comme
pácati, cf. v.sl. *iskǫ*, gr. βάσκω. On peut encore citer *chándas*
(thème en *-es-*, donc racine en *-e-*) — *chantti* — *chyati* — *chadis*.
— Le *-ch-* ne peut représenter *skh* puisque *-kh-* ne se palatalise
pas et que les formes non palatalisées sont skr. *-sk-*, gr. -σκ-
et non -σχ-; ce *-ch-* sort de *-çc-* qui se retrouve peut-être encore dans la *Māgadhī* : *gaçca* : *gaccha*; *puçcadi* : *prcháti*; *piçcile* :
picchila-; *uçcaladi* : *ucchalati* (Hemacandra, IV, 295). Le traitement *-çc-* en sanskrit ou en zend, là où il apparaît, est analogique : *tiraç-cá* de *tirás*; cf. *uccá* — *sá-çc-ati*, cf. *sác-ate* — *vrçcáti*,
cf. *-vraska-* — *çcótati* en face de *-skut-* supposé par *-çcut-* —
zend *sciñdayeiti* en face de *skeñdō*, cf. persan *šikesten*, pehlvi *škas-
tan*. Quant au *kh-* qui représente *sk-* dans *khacati*, cf. v. sl.
skokü — *khañjati*, cf. σκάζω — *mūrkhás* en face de *mūrcháti*, il est
dû à l'une de ces influences prākrites qui ont rendu si irrégu-
lière la phonétique même des textes védiques les plus anciens :
cf. *-h-* pour *-dh-*, *-bh-* intervocaliques, *jy-* pour *dy-* dans *jyótis*
en face de *dyút* ou *phan-* de *phrn-* (cf. plus haut). — Il n'y a
pas trace d'une forme représentant *sk₁-*. — On ne trouve donc
que *skh-* et *sk- : ch-*.

En arménien, *skh-* est représenté par *sx-*. Le groupe *sk₁-* a été
supposé dans *lsem* « j'entends » cf. m.-h.-a. *lūsche*; mais *-s-* peut aussi
bien être un élargissement *-k-* de la racine; cf. ἔγνωκα en face de
jijñāsate et de γνώσκω. C'est ç qui répond d'ordinaire à skr. *sk : ch*,
letto-slave *sk : harçanem : prcháti* — *ayçanem : icháti*, v.sl. *iskati* —
subjonctif *içem* « que je sois », cf. lat. *escō*, gr. ἔσκε, pāli *acchati*,
« to stay, to remain », prākr. *acchaï*; le *i-* est une prothèse comme
dans ἴσθι et dans v.sl. *jĭstü* (cf. tchèque *jsem* « je suis »); *ske-* d'où

est sorti *iske- est plus régulier que *eske-, etc., cf. v.sl. *jĭzŭ* [1] (polon. tch. *z-*), arm. *i* (ou *y* devant voyelle) « de » (construit avec l'ablatif), skr. *iṣ-* dans *iṣ-kartár-*, *iṣ-kṛti-* en face de lat. *ex*, gr. ἐξ; v.sl. *jĭgla* (K. Z. 32, 325); ἰσχῦς, cf. ἐχυ-ρός; skr. *sáhuri-* (la forme ancienne est Ϝισχῦς sous l'influence de Ϝίς) — *ç-* « jus-qu'à », skr. *áchā*, v. sl. *ješte* — * çelel* « fendre », lit. *skeliù* — *erēç* « aîné, ancien », lat. *priscus* — *çtel* « écorcher, déchirer » et skr. *chinátti*, etc. — *çoyç* « signe, spectacle », *çowçanel* « montrer », cf. v. h.-a. *scouwōn* — *kiç* « joint, uni » et comme deuxième terme de composé, « compagnon », cf. v. h.-a. *zwisk*; *ēriçs* « trois fois », cf. v. h.-a. *drisk*. — On trouve *ç* dans toute une série de verbes : *thakhçil, phaxçil, hangçil, zatçil, matçil, karçil, erknçil, kornçil, martnçil*; on voit que tous sont des verbes en *-il*; ceux en *-el* sont dénominatifs et ont par suite l'aoriste en *-aç-* : αλαçem, αλαçeçi, en face de αλawth — *amaçem, amaçeçi* en face de *amawth* — *çanaçel* (au lieu de *çanaçel*) en face de *canawth*: les premiers seuls ont chance de représenter quelque chose d'ancien et répondent en effet au type v.sl. *ištą*, rare par ailleurs, mais qui s'est mul-tiplié en arménien, sans doute parce que le type en *-ç-* issu de *-sk-* a pris l'emploi d'aoriste et de factitif. Le groupe *sky-* se re-trouve dans *çow* « départ » cf. got. *skewjan*, skr. *cyávate*. Dans les trois cas où apparaît *-sk-* en arménien, il s'agit de *-stk-* : *oskr* « os » représente *ostkr-*, cf. skr. *ásthi, asthnás* — *isk* « vrai, en réalité » sort de *istko-*; cf. v. sl. *jĭstŭ*, skr. *satyám*, gr. ἐτεός — *howsk* « dernier » de *putsko-*, cf. pour le sens πύματος (et les b. thess. ἀπὺ) et pour la forme skr. *putau* et *púcchas* (cf. gr. πῡγή). A l'initiale on trouve *sk-* de k_1w- (*skesowr, skownd*) ou dans des mots empruntés (*skteλ*, lat. *scutella*), ou d'origine inconnue (*skizbn* « commencement », *sksanel* « commencer »), mais jamais comme représentant de *sk-*.

A prendre l'ensemble des langues orientales, on n'y trouve donc qu'un seul traitement de *sk-* : skr. *sk : ch*, zend *sk : s*, slave commun *sk : šč* (v. sl. *št*), lit. *sk*, arm. *ç*. Les langues occi-dentales répondent dans un très petit nombre de cas par *sk^w-* : gr. ἀσπίς : lit. *skўdas*; v. isl. *moskue* : lit. *māzgas*, mais le plus souvent par *sk-* : σκάζω, σκαίρω, σκία, βάσκω, lat. *scandō*, got. *skewjan*, etc. Si les langues orientales n'ont pas le traitement α,

---

[1] Le *ŭ* final est purement graphique; *jĭz* est la forme employée devant les consonnes sonores et devant les voyelles; *jĭs* devant les consonnes sourdes. Si cet usage n'est pas simplement analogique de *bez : bes*, il faut comparer skr. *-ir* devant voyelles et consonnes sonores, *-iḥ* devant consonnes sourdes; ou *-a(z)* devant voyelles (Oldenberg, *Die hymnen*, p. 451), *-ō* devant consonnes sonores, *-aḥ* devant consonnes sourdes; zend *duš-úχta- : duš-kereta-* et ablatif *-āδ-a : -āṭ*; l'*-r* finale, issue de *z* au lieu de *s*, en germanique septentrional et occidental, grec (éléen) et ombrien; cf. le *b* de lat. *ab, sub* (cf. p. 292) et att. εγ-, καλ- etc. (Meisterhans, p. 81, suiv.).

c'est que l's précédente a empêché l'assibilation : cf. la conservation régulière de τ devant ι après σ en grec; elle l'empêche même devant w et l'on trouve en slave *skvrŭna*, cf. ags. *skearn*; *skvara*, cf. σκώρ; le w manque en grec et en germanique; il se retrouve en latin dans la forme altérée : *sterquilīnium*. L's disparue, le *k₁* a le traitement régulier : lit. *szókti* : v.sl. *skakati*; v.sl. *suja*, lit. *száuju* : cf. v.h.-a *sciozzan*; skr. *çúptis*, zend *suptiš*, alban. *sup* «épaule» : cf. bas allem. *schuft*. Mais les formes dépourvues d's subissant le plus souvent l'influence de celles qui en sont munies, le *k* se trouve ainsi conservé, d'où le traitement *α′β* : v.sl. *skopiti*, lit. *kapóti*, gr. κόπτω — lit. *skìrti*, v.sl. *oskrŭdŭ* (ṛ rendu par *ŭr* : russe *oskórd*, cf. Brückner, *Archiv*, VII, p. 535 suiv.), *skora*, v.h.-a. *skĕru* et v.sl. *kora*, arm. *kherel* «écorcher», lit. *kertù*, skr. *kṛṇṭáti*; gr. κείρω — lit. *skeŕdžus* et *keŕdžus*, v.sl. *črěda* got. *hairda* — lit. *skeŕsas*, v.sl. *črěsŭ* (avec s énigmatique au lieu de *ch*), gr. ἐγκάρσιος — gr. σκαίρω, skr. *kūrdati* — arm. *çow*, got. *skewjan* (avec chute de *y*), skr. *cyávate*, gr. κίνυται (cf. *çṛṇuté* : *çro-*); cf. v.h.-a. *sciozzan*, skr. -*çcut*- et *códati* — arm. *çoyç*, got. *us-skaws*, gr. Θυό-σκοος et skr. *kaviṣ*, *ākuvate*, gr. κοέω, lat. *caueo* — v.sl. *skoba* «crochet», lat. *scāpus*, σκήπτω; σκῆπων et lit. *kabìnŭ* «je suspends à un crochet», lett. *kampu* «je saisis, je tiens», lat. *capiō*, *capis* — σκάπτω, σκάπετος, κάπετος, v.sl. *kopati*, lit. *kápas*, «tombeau» (pour le sens cf. v.h.-a. *grab*, v.sl. *grobŭ*) — arm. *çelel* «fendre», lit. *skeliù*, v.isl. *skilja* et arm. *khałel* «cueillir, arracher», v.sl. *kolja*, lit. *kalù*, gr. κλάω, v.sl. *klasŭ* «épi»; le traitement α apparaît dans skr. *çṛṇắti* en face de κλάω : cf. *krīṇắti* : ἐπριάμην. — L'action analogique par laquelle a été conservé le *k* oriental de tous ces mots s'est produite en un temps où l'alternance *sk*- : *k*-, *st*- : *t*-, etc. était régulière. Il n'y a pas besoin pour trouver ce temps de remonter très haut, puisqu'on trouve encore en sanskrit : *páçyati* : *áspaṣṭa*.

3° Le groupe *kr*-. — Le groupe *kʷr*- est rare en Occident; il est naturellement représenté par *kr*- en Orient : skr. *krīṇắti*, v. russe *krĭnuti*, ἐπριάμην, gall. *prynu*. Quant à *kr*- fréquent en Occident, il est représenté par *kr*- dans le groupe oriental : κρέας : skr. *kraviṣ* — -κρετες- : skr. *krắtuṣ* — κρύος : zend χruždra- — κρύπτω (avec élargissement *p*) : v. sl. *kryti* — κρώζω : lit. *krokiù* — κρούω : lit. *krùszti*, v. sl. *krŭcha* (*rŭ* et non ṛ : russe *krocha* dont l'o est emprunté au génitif pluriel *krochŭ* de *krŭchŭ*; cf. *kruchŭ*) — κρημνός : v.sl. *kroma* — γράω : skr. *grásate* — χρεμίζω, χρόμος : v.sl. *grŭmĕti*, *gromŭ* — χρίω : lit. *grèjù* (?) — χράω : lit. *griáuju* — v. irl. *adgrennim* (*gʷr*- donne en irlandais *br* : *bró*) : v.sl. *greda*. Il s'agit dans tous ces mots de *k*, *g*, *gh* qui devaient s'assibiler et ne l'ont pas fait, grâce à l'influence de l'*r* qui suivait. C'est ce que montrent : v.sl. *svekrŭ* : skr. *çváçuras* — lit.

smakrà : skr. *hári-çmaçāru-* (d'où le second *ç* dans *çmáçru-*). — Le
ç de *áçru* est dû à une forme analogue à lit. *aszarà*; le *j* de *ájras*,
cf. ἄγρος, au rapprochement avec *ájati*; le *ç* de *çráddádhāti*, lat.
crēdō, à l'influence de **çr̥d-* « cœur »[1]: — Le mot v. sl. *krava*, russe
koróva, polon. *krowa*, cf. lit. *kárvē*, ne peut être séparé de v. h.-a.
hrind, *hiruz*; il s'agit de l'épithète « cornu » appliquée au cerf
(ἔλαφον κεραόν Γ, 24) ou au bœuf et qui est devenue le nom
commun de ces animaux, de même que l'épithète de « brillante »
accolée à la lune (skr. *candrámās*), est devenue dans plusieurs
langues le nom même de l'astre : arm. *lowsin*, lat. *lūna*, gr. σε-
λήνη; le *k* initial du lettō-slave ne s'explique pas directement
dans *krava*, *kárvē*, mais n'aurait rien de surprenant dans des mots
répondant à gr. κεκρύφαλος, lat. *crista*, *crīnis*, v. h.-a. *hrind*; ces
mots ne se retrouvent pas en lettō-slave, mais v. sl. *govędo* ne
saurait être autre chose qu'une contamination des mots corres-
pondant à βοῦς et à v. h.-a. *hrind*. Le *k* de **krendo* a passé à **korwā*.
Pour la différence *-t-* : *-d-*, cf. v. sl. *desęte* : gr. δεκάδες.

Le groupe *kʷl-*, rare en Occident, est en Orient *kl-* : skr. *cakrás* :
gr. κύκλος — lit. *āklas* : lat. *aquilus* — skr. *gláyati* : gr. βέϐλημαι
(cf. lit. *geliù*, etc.)[2]. — Le *k-* de *kl-* a en Orient les deux traitements α et β; la répartition des deux traitements dépend non de
ce qu'il y avait primitivement deux sortes de *k*, mais plutôt, à ce
qu'il semble, de la prononciation de *l*. On trouve, en effet : lit.
klau sýti : v. sl. *slova*. En supposant que le traitement α est régulier devant *l* dentale et β devant *l* vélaire, on rendrait compte de
κλέος : skr. *çrávas*, v. sl. *slovo* — κλίνω : skr. *çráyati*, lit. *szlèjù* —
gliscō : skr. *jráyati* — v. h.-a. *gluoen* : lit. *żlėjà* en face de lit.
klausaū : *klausýti* (cf. arm. *loway* « j'entendis ») avec *au* de *ou*; cf.
v. sl. *bljudą* (rac. **bheud-*; cf. *ljubŭ*, got. *liufs*; *šujĭ*, skr. *savyás*) :
buditi — κλέπτω : v. sl. *po-klopŭ* — got. *hlija* : v. sl. *klĕtĭ* — gr.
γλοιός, lat. *glūten* : v. sl. *glĕnŭ* (d'où par analogie *glina*, lit. *glitùs*)
— γλωχίς : v. sl. *glogŭ* — v. h.-a. *glat* : lit. *glodùs*, v. sl. *gladŭkŭ*.
— Cette remarque ne lève pas toutes les difficultés; elle n'explique pas v. sl. *klenŭ*, ags. *hlyn*; elle oblige à poser **kleunis* comme
primitif. de skr. *çróniṣ*, lit. *szlaunis*, malgré v. isl. *hlaun*; les mots
lituaniens *szlùju*, *szlāpias* doivent être analogiques de formes non
attestées. Mais on ne voit pas où l'on pourrait trouver ailleurs
l'explication de l'opposition *klausýti* : *slovo*. Et, d'autre part, il y
a tout lieu de croire qu'à la distinction lettō-slave de *l* vélaire

---

[1] Ce mot a été remplacé par *hr̥d-*, sans doute par quelque phénomène d'étymologie populaire; le vieux slave *sr̥ŭditŭ* « irrité » fait songer à une influence
possible de *hr̥nĕtĕ*, *hélas* : cf. gr. χόλος « colère » et v. sl. *zŭlŭ*[?] (avec *ŭl* de °*l*;
cf. slave **zŭlŭva*, russe *zólva*, serbe *zãova* en face de γαλόως, lat. *glōs*).

[2] Il ne faut pas citer ici βλέπω : v. sl. *glipati*, parce que le verbe slave n'est
que l'itératif de **glĭpą*. — Cf. *blĭsnąti*, *bliskati*.

et de *l* dentale a répondu une distinction analogue en indo-iranien. En effet *l* vélaire apparaît devant consonne en latin (cf. *ulcus* : ἕλκος), en anglo-saxon (*eald, meolcan* de *ald, melcan*), en haut-allemand (*haltit* en face de frank. *heltit*), en grec (crétois αὐκᾱ́ etc.) et en arménien : dans cette langue on trouve par exemple *a*λ- initial *a*λ*b*, *a*λ*bewr*, *a*λ*mowk*, *a*λ*jik*, *a*λ*t*, *a*λ*khat*, tandis qu'on ne trouve pas *al-* devant consonne; la fin du mot est traitée comme toute fin de syllabe et, comme le nominatif n'a plus de désinence en arménien, il en est résulté des analogies entre ce cas et les autres, puis une hésitation entre *l* et λ : on trouve dans les manuscrits *ayl* et *ay*λ, *doyl* et *doy*λ, *thoyl* et *thoy*λ, *gayl* et *gay*λ, etc. Le λ arménien est donc essentiellement une *l* vélaire implosive : dans les textes ciliciens de l'époque des croisades λ sert à noter l'*l* implosive du français ancien : aussi n'apparaît-il à l'initiale que dans quelques mots empruntés. Quant à la distinction de deux *l* suivant le timbre de la voyelle suivante, elle n'est jusqu'ici bien attestée, en dehors du letto-slave, qu'en latin : *uolo* : *uelim* — *famulus* : *familia*, etc. et en irlandais. Mais, si l'on remarque le caractère cacuminal de l'*r* sanskrite, attesté par son effet sur les nasales suivantes, par son traitement dans les prākrits et aussi par l'une de ses origines (-*t* final de mot), si l'on se souvient, d'autre part, que le passage de *l* cacuminale à *r* est facile et fréquent, on conclura que l'origine de la confusion indo-iranienne de *r* et *l* est la prononciation cacuminale de *l* (d'où sort la prononciation letto-slave actuelle) devant les consonnes et les voyelles de timbre *a, o, u*; le passage de *e* à *a* rendait à peu près général l'emploi de *l* cacuminale en indo-iranien; il n'y a plus eu qu'à l'étendre au cas de *li-*. Il n'y a dans ces conditions nulle hardiesse à supposer à une date ancienne en indo-iranien aussi bien qu'en letto-slave deux prononciations de *l* suivant la voyelle qui suit.

En letto-slave au moins *n* paraît avoir eu sur la gutturale la même influence que *r* : lit. *akmū*, (skr. *áçman-* sous l'influence de *áçan-*); lit. *daknūti* : skr. *dáçati*; russ. *gnída* : gr. κονίδες, alban. θení?. Le lituanien *ēszmas* vient de *+aiksmos*; cf. αἰχμή (de Saussure, *Mém. Soc. Ling.*, VII, 90); la même aspiration apparaît dans l'Inde où le sanskrit -*kṣ*- devient en prākrit -*kkh*-; cf. la théorie des *prātiçākhyas* à ce sujet : *Ath. prāt.* II, 6 — *Tait. prāt.*, XIV, 12-13, etc.

IV

Si les vélaires indo-européennes comprenaient un élément ᵂ, il n'est pas probable que cet élément subsistât devant les consonnes; en effet, dans les cas assez rares où des groupes de ce genre

se présentent en Occident, ils ont été éliminés. — C'est du reste
ce qui est arrivé au groupe *wr-* lui-même, là où l'analogie ne
le maintenait pas : cf. lat. *rōs*, lit. *rasà* et skr. *varṣám*, gr. ἐέρση
(la forme sans *w-* s'est étendue : cf. skr. *vṛ̣ṣā* : gr. ἄρρην; skr.
vṛṣabhás et *ṛ̣ṣabhás*) — lit. *lāpē*, gr. ἀλώπηξ, arm. *aλoωēs* (pro-
noncer *aλwēs*) et lat. *uolpēs* (le skr. *lopāçás* et les mots iraniens
voisins ne peuvent être rapprochés qu'en supposant un phénomène d'étymologie populaire). — Il est difficile de fournir la
preuve effective de cette hypothèse, faute d'exemples concluants en
quelque sens que ce soit, parce que le groupe vélaire plus occlusive
résulte toujours de la juxtaposition de deux éléments morpholo-
giques et se trouve par suite exposé à des innovations analogiques.
Même le mot *nok₂t-* « nuit » n'est pas probant, parce qu'il résulte
de l'addition d'un suffixe *-t-* (forme faible de *-et-*) à *nog₂h-* :
gr. αὐτόνυχι, (Fick, *Wört.* 4, p. 99). — Cependant il est remarquable que *kʷ* apparaisse très rarement en Occident devant *r* et *l*
et à peu près toujours dans des mots où il a pu être rétabli se-
condairement, comme κύκλος : *cakrás*, cf. v.sl. *kolo*, gr. πόλος
— βρέχω d'après βραχείς, cf. v.sl. *grẹznẹti*, lit. *grimzdaū* (avec
nasalisation). Cette disparition indo-européenne de l'élément ʷ
expliquerait gr. κραίνω en face de gall. *peri* — ἀγρέσθαι (et
ἀγείρω) : ἄγυρις (de *agʷoris*, cf. γυνή, κύλιξ, κυλίω, κυλίνδω, et
-συνη de *-tw°nā*, μύλη de *m°lā*, φύλλον de *bh°lyom*?[1]). — lat.
grūs, v.h.-a. *chranih*, arm. *krownk*, gr. γέρανος : v.sl. *žeravi*
— ἐγρήγορα, ἔγρετο, ἐγείρω : skr. *jāgarti* — lat. *clāmō*, gr. κέ-
κλημαι, καλέω : lett. *kalŭt*.

Le cas du groupe *-ks-* est intéressant. — Il faut dire d'abord
un mot de *ghz-* qui est représenté en grec par φθ-, en zend par
γž-, en sanskrit par *kṣ-* et dans quelques formes prākrites, par
jh- : skr. *kṣárati*, prākr. *jharaï*, zend γžar-, cf. gr. φθείρω (?) —
skr. *kṣīṇa-*, prākr. *jhuna-*, gr. φθίνω, (zend *χšayō* doit être écarté,
ne fût-ce qu'à cause de la différence de sens; v. Darmesteter,
traduction du Yasna, 31, 20) — skr. *kṣáyati*, pāli *jhāyati*. — Le
grec χθών, cf. skr. *kṣám-* doit son χ au lieu de φ au doublet
χαμαί. Le χθ- de ἰχθῦς, χθές est obscur, mais n'est sans doute
pas simplement phonétique; cf. arm. *jowkn*, lat. *heri*. Rien ne
prouve qu'il existe une distinction de g_1hz- : g_2hz-. — Les langues
germaniques, celtiques et italiques ne possèdent qu'un seul traitement de *ks-* : le *k* y est simple, sans aucun élément ʷ. Le grec
présente au contraire des formes très variées : 1° ψ dans λείψω,
ὄψομαι, etc. : le π y est dû à λείπω, ὄπωπα, etc. — 2° -υξ de

---

[1] τέτταρες a un α analogique de τέταρτος, tandis que lesb. πέσσυρες est régulier. Le grec βάλανος (cf. lit. *gilé*, arm. *kaλin*, génit. *kaλnoy*) doit son β à une
forme où g_2 était immédiatement suivi de *l* : cf. lat. *glans*. Le béotien βανᾱ' est
d'après la forme qui a donné μνάομαι.

-okᵛs dans νύξ, -φλυξ : on a vu que le k^v de νύξ est analogique;
pour celui de -φλυξ, cf. φλεϐός. — 3° Des consonnes doubles
-ππ-, -ττ- d'après Schmidt, *Pluralbild.* p. 410 suiv. Mais les seuls
exemples concluants sont tirés de la racine *okᵛ-*, où il y a eu
de fortes actions analogiques; par exemple, ὀπίλος au lieu de
*ὀκτίλος (cf. béot. ὀκταλλος) sous l'influence des formes qui ont
normalement ὠ. Le fait que dor. πεπάσθαι et att. κεκτῆσθαι
ont le même sens ne garantit pas qu'ils soient étymologiquement
identiques; le contraire est même certain puisque πα- et κτη-
se trouvent dans les mêmes dialectes; l'étymologie de κεκτῆσθαι
est indiquée par Schmidt, *loc. cit.* p. 418, [cf. toutefois Collitz,
Bezz. beit., XVIII, p. 201 et suiv.]; celle de πεπάσθαι par Brugmann, *Grundriss*, II, p. 348. — 4° κτ. — 5° ξ. — La distinction de κτ-, ξ- ne répond ni à celle de k^vs-: ks-: cf. ξένος, ἀξίνη
(got. *aqizi*) — ὀκταλλος; ni à celle de zend χš- : š- : δεξιός;
zend *dašina-* — τέκτων; zend *tašan-* — αὐξάνω : zend *uχšyeiti*
— κτάομαι : zend *χšayeiti* (?). Le traitement κτ- apparaît là où il
existe à côté de ks- un doublet k- : ἄρκτος : ἄρκος — κτείνω :
καίνω — τέκτων : τέκμαρ (en face de τέχνη) — ὀκταλλος : ὤψ
— κτίζω : lit. *kĕmas* — κτίλος : got. *hweila*, lat. -*quillus* (de
quilos?) dans *tranquillus.* — Cf. κτῆμα : πᾶμα, bien que les
deux mots ne soient pas parents. Cette coïncidence ne saurait
être fortuite. En dehors de ces cas : ξένος, ξυρόν, ἄξων, etc. En
letto-slave il y a deux traitements, mais l'un des deux ne se trouve
que là où l'analogie le justifie; c'est celui de lit. *lēksiu*, cf. *lĕkù;*
le vieux slave *šestĭ* « six » présente, comme l'a reconnu G. Meyer,
le même traitement de s- initiale que *šidŭ* : cf. *chodŭ.* Le sanskrit
ne connaît que *kṣ-* dans tous les cas. Le zend distingue χš et š-
et l'on s'accorde à voir ici avec J. Schmidt la distinction k_2s-:
k_1s-. Mais Bartholomæ a cité (*Handbuch*, § 100, n° 3) un certain
nombre de cas où le χ- devant š ne paraît pas avoir de valeur
étymologique. D'autre part *aši*=skr. *akṣi* n'est pas en faveur de
la loi. On ne peut sérieusement séparer le génitif skr. *akṣnás*, de
v.sl. *oko* : cf. *çiras* : *çirṣṇás;* cf. encore *vaχšat* en face de v. pers.
vazrka-, zd. *vāzišta-* et *tašaṭ* en face de arm. *thekhel* « fabriquer ».
pehlvi *daχšak* « signe » skr. *daçasyáti*, lat. *doceō.* Dans ces conditions, on ne peut tenir pour établie une distinction qui ne se retrouve nulle part ailleurs, et il y a plutôt lieu de chercher si les
exemples de χš- ne s'expliquent pas en partie par des faits d'analogie (*baχšaiti* d'après *baχta-*, *maχši-* d'après *makasa-*, pers.
meges, etc.) et à l'initiale par des faits de phonétique syntactique :
dans ce dernier cas, l'une des formes aurait été généralisée : par
exemple, la forme š- aurait été préférée pour *šaēti* à cause du
rapprochement avec *šāiti;* là forme χš- restait pour *χšayeiti.* —
S'il en est ainsi, toutes les langues indo-européennes possèdent

un seul *ks-*, et la prononciation du *k-* devant *s* est restée pure en
Orient, comme le montrent le sanskrit *'ks-* et le lit. *-ksz-* devant
consonne dans *añksztas*.

Cette chute indo-européenne de ʷ rend compte d'un certain
nombre d'exemples du traitement *α'β* à la fin des racines. Les
consonnes qui se juxtaposent à la consonne finale étant le plus
souvent *s, r, l, n*, on conçoit qu'on trouve en Orient le traitement *β*, là même où la vélaire primitive, munie de son ʷ, n'était
pas conservée. Les futurs et aoristes en *-s-* ont dû avoir ici une
grande influence. Le sanskrit *ábhakṣi* rend moins surprenant v.irl.
combaig « fregit » en regard de arm. *ebek* « il a brisé », — et par
suite got. *brikan*, lat. *frango*. D'autre part il y a lieu de rappeler
que les consonnes finales de l'indo-européen étaient implosives ;
c'est au moins le cas de celles du sanskrit, du *ṭ* zend, et c'est cette
prononciation qui explique la chute des occlusives finales qui a eu
lieu presque partout ; or le *kʷ* est incompatible avec l'implosion :
lat. *neque : nec*; got. *nih*; les mots racines terminés par une vélaire, qu'ils eussent le nominatif avec ou sans *s*, devaient donc
perdre en ce cas l'élément ʷ. L'explication de chaque forme en
particulier ne saurait être donnée, et, s'il est impossible de déterminer pourquoi certaines racines ont été affectées par l'action
analogique, on conçoit du moins la possibilité du fait. En voici
des exemples : lit. *stégiu*, fut. *stéksiu* : gr. σ⟨τ⟩έγω — skr. *tigmás*,
tikṣnás, títikṣate : gr. σ⟨τ⟩ιγμή, σ⟨τ⟩ίζω — v. sl. *striga* : lat. *stringō*
— lit. *láigyti* : got. *laikan* — skr. *rajyati, rāga-* : gr. ῥέζω, ῥέγος,
ῥέγμα — skr. *vṛṇákti* : gr. ἐέργνυ- — v.sl. *salogŭ* : gr. ἄλοχος —
v.sl. *stignati* : gr. σ⟨τ⟩είχω — arm. *argel* « empêchement » : gr. ἀρκέω
— lit. *rëkiù* : gr. ἐρείκω — v.sl. *pletą* (pour le traitement de *-kt-*
devant voyelle dure cf. russ. *lët* « vol » de *lektŭ*, cf. lit. *lekiù*) :
v.h.-a. *flëhtan*, gr. πλέκω — skr. *añkás* : gr. ἄγκος (à moins
qu'il ne s'agisse de l'influence de ἀγκύλος, skr. *añkuçás*).

Reste le suffixe skr. *-ka-*, gr. *-κο-*. — Mais le sanskrit possède
aussi quelques exemples de *-ça-* et il est possible que le grec *-κο-*
réponde à *-ça-*, car chacune des langues indo-européennes a
choisi ses suffixes d'une manière particulière, et la très grande
extension de *-k₂o-* en Orient ne prouve rien pour le grec. C'est
ainsi que le suffixe *-g₁o-*, à peine attesté par ailleurs, se trouve
souvent en arménien où il est représenté par *-ac* : cf. gr. πέλ-
αγος qui a le sens du lat. *aequor* « étendue, plaine » : ἁλὸς ἐν
πελάγεσσιν. De plus le suffixe *-ko-* répondant au suffixe *-k-*,
comme *-no-* à *-n-* (skr. *yúvan-*, lit. *jáunas*, etc.), les nominatifs
à *-ks* ou *-k* final ont réagi sur le reste de la déclinaison et
sur *-ko-*. L'absence de *-πο-* en grec s'explique de deux manières :
par des faits tels que lat. *senex* : skr. *sanakás* et par des emplois
simultanés de *k₁* et *k₂* : lit. *pálszas*, russe *pelésyj* : lit. *pilkas*, skr.

pálıknī. Cette élimination de -$k^w o$- est d'autant plus remarquable
que -$g^w o$- s'est maintenu : βλαβή, Φοῖϐος, κόρυμϐος, — cf. πτέρυξ,
en face de zend *frapterejañt-* et skr. *pataṅg-á-*.

Il subsiste, on le voit, bien des problèmes non résolus dans
l'histoire de k_1 et k_2, beaucoup des hypothèses faites ci-dessus
restent douteuses et il n'y a guère d'espoir qu'elles puissent jamais être toutes démontrées avec rigueur; mais on accordera qu'il
n'est pas impossible de rendre compte de la plupart des exemples
du traitement $α'β$, et l'hypothèse de Bezzenberger semblera peut-
être un moyen trop facile d'éviter l'étude de phénomènes à la
vérité complexes et obscurs, en supprimant d'un coup toutes les
difficultés.

EXCURSUS SUR ἐννέα.

Wackernagel a essayé de montrer que ἐννέα représente *ἐν-
νέϜα «en tout neuf» qui aurait remplacé *νέϜα sous l'influence
de *ἔνϜατος. Cette supposition, ingénieuse sans doute, mais
forcée et indémontrable, est contredite par l'accent : on devrait
avoir *ἔννεϜα comme σύμπεντε, διάπεντε. On est donc ramené à
l'ancienne hypothèse que *νέϜα est devenu *ἐννέϜα sous l'influence de *ἔνϜατος : cf. δέκα : δέκατος. Cette explication de-
viendrait définitive si l'on pouvait montrer que la prononciation
panhellénique était *ἔννϜατος : on aurait alors *ἐν-νέϜα d'après
*ἔννϜατος.

Si l'on examine les groupes composés de consonne plus y, on
voit que -ly- donne partout en grec -λλ-; -ny- et -ry- en lesbien
-νν- et -ρρ-; -ty- suivant les dialectes -σσ- ou -ττ-. D'une manière générale le y disparaît et la première consonne est doublée :
or il n'est pas vraisemblable que le y se soit assimilé à la consonne
précédente, tandis que sa disparition en grec n'a rien de surprenant; on doit donc admettre que ces groupes se composaient
anciennement d'une consonne implosive appartenant à la syllabe
qui précédait le groupe et d'une explosive suivie de y. Le traitement de -$κϜ$- dans ἵππος, πέλεκκον, μικκός, est analogue; il
suppose un $κ$ double. Les mots thessaliens προξέννιος, προξεννία
(Hoffmann, *die gr. dial.*, II, p. 480) attestent le même fait pour
$ν$ dans -$νϜ$-, ce qui légitime *ἔν-νϜατος. — On objectera la forme
attique ἔνατος avec $ν$ simple en face du panhellénique ἐννέα. La
difficulté n'est qu'apparente. Au lieu des scansions homériques
πατρός, ἀκμή qui supposent *πατ⸍ρός, *ἀκ⸍μή, l'attique possède
en effet πατρός, ἀκμή. De même il répond à hom. ἔδδεισε (*ἔδ-
δϜεισε) par ἔδεισε, à dor. μικκός par μικός (G. Meyer, § 278,
note); à hom. πελεκκάω par πελεκῶ. En un mot, du groupe double
consonne plus $Ϝ$ l'attique supprime l'implosive initiale; la double

consonne n'a subsisté que là où le F a disparu en l'altérant : ἵππος, τέτταρες. Mais *ξεννϜος devient d'après la règle *ξε-νϜος, ξενός et *ἐννϜατος, *ἐ-νϜατος, ἔνατος. On trouve le εννϜ- chez Homère, τ, 174 dans ἐννήκοντα (cf. Brugmann, M. U., 5, 41), c'est-à-dire ἐννϜήκοντα, dont att. ἐνενήκοντα ne diffère que par l'addition du ἐν- analogique de ἐν-νέϜα. La scansion ἐνενήκοντα (B, 602), dans une partie récente de l'Iliade, est pour la commodité du vers; cf. ἐνατή (B, 313).

La prononciation comme doubles des consonnes placées devant y, w, r, l, m, n n'est pas particulière au grec. Pour le sanskrit, elle est attestée par les grammairiens (*Tait. prāt.* XIV, 1 = Pāṇini VIII, 4, 46-52) et vérifiée par les prākrits où l'on trouve -akka-, -atta-, -adda-, -appa-, etc., de -akva-, -atya-, -adma-, -apra-, etc.; de là vient que les deux types morphologiquement différents -at-ra- et -at-tra- ne sauraient être distingués, comme l'a montré M. de Saussure (dans ces *Mémoires*, 6, p. 246 et suiv.). Elle subsiste en pangermanique dans les cas où la sonnante disparaît : got. *minniza* de *minwizō*; v. isl. *lokkr* de *luknoz*, etc., et de plus en germanique occidental, devant -y- et -r-. On la retrouve dans les mêmes conditions en celtique (Stokes, *Idg. forsch.*, II, 167 et suiv.) : v. irl. *cacc* repose sur $^*k_1\mathrm{e}k_2n\bar{a}$, dérivé en -ā- d'un thème neutre en -n-, cf. skr. *çaknás*, *çákṛt*, gr. κόπρος et pour le vocalisme lit. *szìkti* [1]. On a en latin *pallidus*, *quattuor*, etc. (v. von Planta, *Gramm. der osk. umbr. dial.*, I, p. 186 et suiv. et p. 537 et suiv.); la scansion *pătris* suppose la chute du *t* implosif de *pat-tres*. Le letto-slave et l'arménien ne peuvent avoir conservé de traces du phénomène, puisque ces langues ont de bonne heure simplifié les consonnes doubles. — Cf. Schulze, *Quaestiones epicae*, p. 526 et 527.

REMARQUE. — L'orthographe adoptée dans les mots slaves : *zlĭtŭ*, *zlŭdĭti*, mais *vlŭna*, est justifiée par l'usage du *Zographensis*, où on lit régulièrement *vlĭkŭ*, *mlĭčati* (polon. *wilk*, *milczeć*), mais *vlŭna*, *plŭnŭ* (polon. *wełna*, *pełny*). Le vieux slave qui ne distingue plus les deux représentants slaves de r, ŭr (russe *or*) et ĭr (russe *er*) distingue encore ŭl et ĭl (polon. *oł* et *il*). — A. M.

[1] Dans *szìkti*, *i* représente ǝ comme dans *keturì*, cf. gr. τέτταρα, skr. *catvári* et le -ă de lat. *gener-ă*. En slave aussi ǝ est représenté par ĭ, par exemple dans *čĭtyre* (polon. *cztery*, tchèque *čtyři*), cf. lat. *quattuor*, et, sans voyelle, zend *á-xturya-*, arm. *čorekh-harivr* «400», *čorkh* «4» (de *kt[w]ores?*), gr. Τυρταῖος, lat. *Turnus* (?); ou dans *šĭdŭ* : *chodŭ*; *žĭga* · *žega*; *tĭci* : *teka*, etc.